跨境电商发展实证研究

以山东省为例

郭丽 著

知识产权出版社

全国百佳图书出版单位

图书在版编目（CIP）数据

跨境电商发展实证研究：以山东省为例/郭丽著. —北京：知识产权出版社，2018.9
ISBN 978 - 7 - 5130 - 5947 - 3

Ⅰ.①跨… Ⅱ.①郭… Ⅲ.①电子商务—产业发展—研究—山东 Ⅳ.①F724.6

中国版本图书馆 CIP 数据核字（2018）第 260111 号

责任编辑：荆成恭　　　　　　　　　　　　责任校对：谷　洋
封面设计：臧　磊　　　　　　　　　　　　责任印制：孙婷婷

跨境电商发展实证研究：以山东省为例

郭　丽　著

出版发行	知识产权出版社 有限责任公司	网　　址	http://www.ipph.cn
社　　址	北京市海淀区气象路 50 号院	邮　　编	100081
责编电话	010 - 82000860 转 8341	责编邮箱	jcggxj219@163.com
发行电话	010 - 82000860 转 8101/8102	发行传真	010 - 82000893/82005070/82000270
印　　刷	北京虎彩文化传播有限公司	经　　销	各大网上书店、新华书店及相关专业书店
开　　本	720mm×1000mm　1/16	印　　张	14
版　　次	2018 年 9 月第 1 版	印　　次	2018 年 9 月第 1 次印刷
字　　数	229 千字	定　　价	69.00 元

ISBN 978 - 7 - 5130 - 5947 - 3

目　　录

第一章 绪 论

第一节 研究背景和意义

随着经济全球化的快速发展，国际贸易往来日益密切；信息技术的不断推广普及，使国际贸易方式发生了巨大变化，国际贸易进入数字化时代。国际贸易对信息技术的使用不再是简单的电子邮件交流，而是借助其整合贸易的各个环节和分散的信息，以降低贸易成本，国际贸易对信息技术的需求催生了跨境电子商务的发展。

跨境电子商务以其特有的优势，如交易成本低、信息传输快、交易效率高等特点迅速发展壮大。跨境电子商务有效切除了传统外贸模式下的某些环节，如进口商、批发商、分销商甚至零售商，建立了更加直接且简短的交易链条，生产企业甚至可以直接向个体批发商、零售商（M2B）乃至终端消费者（M2C）销售商品，这意味着贸易周转环节缩短，有效降低贸易成本，提高贸易效率，给予企业更大的盈利空间和议价空间，同时让终端消费者获得更多实惠。

海关总署发布的数据显示，2017 年，中国货物贸易进出口总值 27.79万亿元，比 2016 年增长 14.2%，扭转了此前连续两年下降的局面，外贸发展潜力逐步释放。跨境电子商务（跨境电商）作为进出口贸易的新模式、新业态继续保持发展势头，跨境电商的交易额一直保持较快的增长，在我国货物贸易总额中的占比已经超过 20%。根据电子商务研究中心发布的《2017 年度中国跨境电商政策研究报告》❶，2017 年上半年中国跨境电

---

❶ 数据来源：网络经济服务平台，《2017 年度中国跨境电商政策研究报告》，www. 100ec. cn/zt/17kjdsbg。

— 1 —

商交易规模达 3.6 万亿元，同比增长 30.7%。其中，出口跨境电商交易规模达 8624 亿元（包括进口 B2B、B2C、C2C）。跨境电商作为推动世界经济一体化、贸易全球化的国际商务活动，在我国的国际贸易中具有重要战略意义。

跨境电商持续稳定发展，海外市场规模不断扩大，新型业态不断丰富，承载着我国经济发展、繁荣的梦想，也为各国之间经济资源优化配置和互惠共赢开启了机遇之窗。

随着跨境电商的持续快速发展，商务部、海关总署等部门也出台了一系列扶植政策，助推跨境电商的发展。

2013 年 9 月在哈萨克斯坦纳扎尔巴耶夫大学，习近平主席提出共同建设"丝绸之路经济带"，2013 年 10 月在印度尼西亚国会上，习主席发表演讲时提出共同建设 21 世纪"海上丝绸之路"。"一带一路"倡议的提出，为我国跨境电商的发展带来了新的发展机遇。"一带一路"沿线国家优势互补、开放发展，沿线国家的消费者对跨境消费的接纳程度越来越高。巴西、印度、新加坡等新兴市场不断崛起，成为我国跨境电商发展的新平台和新窗口。

随着跨境电子商务的逐步深入，影响跨境电子商务发展的因素越来越多。因此，探索跨境电子商务发展影响因素，对进一步发展该行业具有一定的现实意义、长远意义。

第二节　国内外跨境电子商务研究现状

一、跨境电子商务与相关行业研究现状

（一）跨境电子商务与国际贸易

Wilson 和 Mann 等（2003）实证研究了电子商务对贸易的促进作用。HE Yong 和 LI Jun－yang 等（2011）借助保罗·克鲁格曼（1991）的冰山成本模型，将电子商务引入国际贸易模式，研究了电子商务对国际贸易产

生的实际影响，发现电子商务影响了产品产量、产品价格、企业利润、商品贸易、进出口贸易以及全球商品贸易总量等，并最终影响了企业的利润，同时也促进了国际贸易总量的发展。他们认为电子商务主要是通过影响交易成本继而影响企业的利润，并显著促进了国际贸易的增长。Nuray（2011）研究了 2000—2010 年期间，美国电子商务对国际贸易和就业的影响。国际贸易量通过电子商务增加，信息和通信技术部门在电子商务推动下增加需求和生产力，并创造就业机会，同时产生知识溢出。卢永刚（2005）认为电子商务可以引导国际贸易创新，从宏观层面和微观层面分析了电子商务对国际贸易的影响。宏观角度上，归纳总结了贸易主体、贸易交易方式等是如何受到电子商务影响的；微观角度上，按国际贸易交易流程分析电子商务如何创新发展了贸易活动的相关环节。

杨坚争和段元萍（2008）论述了电子商务对国际贸易造成了革命性变化，创造新的市场环境和改变了海关业务流程，并从行业、市场和商务运作角度设计了国际电子商务发展总体战略。

翁海洁（2010）认为电子商务在国际贸易中起了物色贸易伙伴、网上咨询、洽谈、订购、支付和交易管理等多方面作用，以此分析电子商务对国际贸易的影响，并提出电子商务背景下我国国际贸易发展策略。

赵志田和杨坚争（2012）分析了电子商务对进出口贸易影响的作用机制，选取 2003—2010 年的面板数据，以电子商务发展水平等作为解释变量，各省份的进口、出口规模分别为被解释变量，建立面板数据的计量模型，结果显示由于跨境电子交易规则未完善，电子商务交易风险依旧存在；由于境外代购市场规模扩大，电子商务对进口贸易产生显著负效应；但长期上，电子商务扩大国际贸易市场、降低贸易成本，对进出口贸易的正向作用越发显著。常成（2015）在贸易增长的相关理论基础上，从定性分析和定量分析两个角度分析跨境电子商务与贸易增长的互动关系。定性分析上采用流程推导方式证明了跨境电子商务与贸易增长具有相互带动、促进的作用；定量上建立了时间序列的多元线性回归模型验证两者关系，并提出利用跨境电子商务促进我国外贸增长的对策。

李泽东（2016）以电子商务发展水平指数测算体系为基础计算出电子

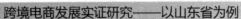

商务发展指数，以衡量我国电子商务发展水平，并以此指数检验电子商务发展对国际贸易的影响。

（二）跨境电子商务与跨境物流

曹淑艳和李振欣（2013）总结了现有跨境电商主要采用的三种物流模式——国际小包和国际快递、海外仓储、规模化运输，并根据不同物流主体着重分析了国际物流公司集中运输、电商平台集中运输两类跨境第三方物流模式的操作方式，提出了阻碍我国跨境电子商务发展的物流问题，从政府、企业、模式创新三个角度优化第三方物流产业的发展。

曹淑艳和安然等（2013）运用 SWOT 分析方法剖析了当前跨境电子商务第三方物流的优势、劣势、机会和挑战，全面展示了跨境电商第三方物流的现状及现存问题，并提出对策和建议。

张夏恒和马天山（2015）在分析中国跨境电商发展特征的基础上，结合跨境物流现状剖析了跨境电商运作过程中跨境物流存在的问题与风险，重点提出通过建设海外仓可有效解决跨境电商物流配送中存在的众多问题的建议。而窦粲灿和吴会芳（2015）还提出了跨境物流信息化建设不足的问题，需通过政府协调海关、跨境电子商务企业、国际物流公司等多方共同构建跨境物流信息系统。

鄢荣桥（2016）通过数据和图表论述了跨境电子商务与跨境物流的发展现状，以及跨境物流发展滞后严重制约着跨境电子商务进一步发展，同时提出海外仓建设的重要性，并介绍自建、与第三方合作、一站式配套服务三种海外仓模式以及它们现存的主要问题，再通过三种模式的实际案例分析总结了建设海外仓的影响与作用。

（三）跨境电子商务与第三方支付

王杏平（2013）阐述了跨境电子商务与第三方支付发展现状，以及由于涉及多个部门导致针对两者缺乏系统的管理方法，给外汇管理造成一定挑战，提出通过风险管控、先试点后推广、制定第三方支付业务管理规范和联合监管等方法促进新兴业务的健康发展。谢雪莲（2014）从我国跨境电子商务及外汇支付交易发展现状出发，分析了跨境支付的管理缺陷与问题主要表现在政策及操作层面上。赵小娟和朱建明（2015）通过 SWOT 分析法，针对第三方跨境电子支付，分析其内部优势与劣势，以及外部机遇与威胁，并采用层次分析法建立层次结构模型，得出第三方跨境电子支付发展战略的选择顺序。

常鸿雁（2015）归纳整理了第三方支付的风险、监督、作用以及与银行之间的关系，并详尽描述了国内外第三方跨境支付发展历程，提出第三方跨境支付市场发展前景，在分析其发展中的优势、劣势、机遇与威胁基础上提出发展对策。梁利民（2016）认为，制约我国跨境电商发展的主要瓶颈是电子支付和物流问题，而跨境电子商务支付是外汇管理应解决的重要问题。肖成志和祁文婷（2016）以人民币国际化和我国跨境电子商务实践现状为基础，分析了跨境第三方支付存在提现费用高、国内结收汇额度受限、贷款到账不及时等问题。

二、跨境电子商务发展影响因素研究现状

Blum 和 Goldfarb（2006）通过重力模型发现，物理距离是影响跨境电子商务贸易额的重要因素，即物理距离每增加 1%，网站访问次数减少 3.25%，从而影响了跨境电子商务交易额。

Hortacsu 和 Martínez‐Jerez 等（2009）以电子商务平台的交易数据得出了相似的结论，他们对比了美国国内市场和跨境市场，发现尽管跨境电子商务能够降低贸易成本，但距离仍然是影响跨境电子商务的因素。Lendle 和 Olarreaga 等（2012）在 eBay 数据基础上采用引力模型，得出了影响跨境贸易的主要原因有物理距离、交易成本、法律制度、贸易协议、文化差异、政府效率等因素；他们认为，这些因素能有效地降低跨境电子商务中的贸易成本。

Asosheh 和 Shahidi‐Nejad 等（2012）借助 UNedocs 数据模型构建了跨境 B2B 电子商务基础设施的三个主要层，即消息层、业务流程层和内容层，在四阶段情景的案例分析基础上根据不同交易角色的需求提出四类方案，实现全球贸易电子供应链中区域"单一窗口"建立的目标。

Martens 和 Turlea（2012）对 27 个欧盟成员国的消费者进行数据调查，

构建了 B2C 电子商务和跨境贸易引力模型，并分析研究了影响跨境电子商务发展的主要因素：在线支付系统、物流模式以及成本效率等，提出通过改进法律和金融系统以及包裹交付基础设施来促进跨境电子商务交易。

Gomez – Herrera 和 Estrella（2014）通过对消费者调查数据进行计量分析，否认了物理距离是影响在线交易的主要因素，他们认为跨境电子商务的驱动因素和障碍主要为特定跨境贸易产品、运输成本、价格和信息成本等。徐伟（2012）从电子商务产业内部体系、外部支撑体系和相关产业支撑体系的角度分析影响区域电子商务产业竞争力的因素，并以电子商务产业基础指标、产业环境指标和产业产出指标为一级指标构建评价指标体系。杨坚争和郑碧霞（2014）依据跨境电子商务交易流程设计了网络营销指标、国际电子支付指标、电子通关指标、国际电子商务物流指标和电子商务法律指标的五个一级指标、十五个二级指标，重点分析我国外贸企业在外贸活动中应用电子商务的能力以及通过电子商务扩大出口的情况和遇到的问题。

上海社会科学院经济研究所课题组（2014）以小额跨境网购为立足点，提出中国跨境电子商务的政府监管问题，并借鉴首批跨境电子商务试点城市的相关经验，为完善政府监管提出四点建议：建立了小额跨境网购多层次监管体系、制定小额跨境网购专项管理办法、建设公共信息查询平台和加快完善社会诚信监督机制与跨国追溯机制。

刘幸赟（2015）根据跨境电子商务在全球范围内迅猛发展的态势，分析了我国跨境电子商务的跨境影响因素主要有六大方面，即跨境社会文化因素、跨境营销因素、跨境电商平台、跨境支付、跨境物流、跨境检验和关税，并在此基础上提出促进跨境电子商务发展的建议。

周柱龙（2015）在分析国内外跨境电子商务的发展基本现状的基础上，多角度剖析了影响跨境电子商务发展的因素，通过数据研究进一步阐述了我国跨境电子商务良性发展需要各影响因素共同作用，尤其是跨境物流与人才问题急需重点关注，并从政府、企业、社会三方面给出促进跨境电子商务快速发展的政策建议。穆蓉蓉（2015）认为跨境电子商务企业借助电子商务平台所提供的大数据支持，较好地实现跨境商业往来，并提出了影响跨境电子商务发展的因素主要为外部营销因素、内部运营因素、领导层决策因素。袁旭立（2015）总结了国内外跨境电子商务发展现状，以及主要运作模式和发展政策，提出目前国内跨境电子商务存在着侵权、恶性竞争、结汇政策缺失、支付体系落后、物流发展滞后、退换货难、海外品牌推广经验不足、人才缺乏等问题，并提出了对应的政策建议。

江利祥（2016）认为跨境电子商务具有开放性、整体性、关联性等基本特征，同时具备了虚拟性、竞协性等传统贸易市场不具有的特征。在经济步入"新常态"的格局下，法律、经济政策扶持成为跨境电子商务发展的有利因素，而通关效率问题、物流与电子支付问题、免（退）税问题是我国跨境电子商务的阻碍因素。

第三节　跨境电商行业综述

一、跨境电商行业范畴和运作模式

跨境电商的概念可以从狭义和广义的两个角度来阐释。

从狭义上看，跨境电商实际上等同于跨境零售。跨境零售指的是分属于不同关境的交易主体，借助计算机网络达成交易，进行支付结算，并采用快件、小包等行邮的方式通过跨境物流将商品送达消费者手中的交易过程。跨境电子商务（Cross – border E – commerce），即跨境零售，一般而言，从海关层面跨境电商相当于在网上进行小包的买卖，销售对象为个人。随着跨境电商的发展，跨境零售消费者中也会有碎片化小额买卖的B类商家用户。

从广义上看，跨境电商等同于外贸电商，是指分属不同关境的交易主体，通过电子商务的手段将传统进出口贸易中的商品展示、洽谈和成交环节电子化，并通过跨境物流送达商品、完成交易的一种国际商业活动。跨境电商一般指的是广义的跨境电商，主要指的是跨境电子商务中商品交易的部分（不包含跨境电商服务部分），不仅包含跨境电商交易中的跨境零售，还包括其中的B2B（企业对企业）部分；不仅包括跨境电商B2B中通过跨境交易平台实现的线上成交的部分，还包括跨境电商B2B中通过互联网渠道线上进行撮合、线下实现成交的部分。

2016 年 1 月国务院批准在包括青岛在内的 12 个城市建立跨境电商综合试验区，旨在让这些城市在跨境电商的创新发展方面先行先试，通过制度创新、管理创新、服务创新和协同发展，破解跨境电子商务发展中的深层次矛盾和体制性难题，打造跨境电子商务完整的产业链和生态链，逐步形成一套适应和引领全球跨境电子商务发展的管理制度和规则。青岛综合试验区在跨境电商的试行方面取得了很好的成效。2016 年 11 月山东省又设立了济南、烟台、潍坊、威海和日照五个省级跨境电子商务实验区，积极探索建立具有本地特色的跨境电子商务试验区，山东省政府划拨 4000 万元的专项资金用于潍坊、烟台等市省级跨境电商试验区的发展，争取能够升级为国家级的试验区。

2018 年 7 月 24 日，国务院同意在北京、昆明、西安、厦门、威海、义乌等 22 个城市设立跨境电子商务综合试验区。目的在于以跨境电商为突破口，大力支持综合试验区大胆探索、创新发展，在物流、仓储、通关等方面进一步简化流程、精简审批，完善通关一体化、信息共享等配套政策，推进包容、审慎、有效的监管创新，推动国际贸易自由化、便利化和业态创新。

跨境电商的分类标准很多，按照卖方性质，目前主要有以下四种，见表 1 - 1。

表 1 - 1　跨境电商分类

分类	定义	特点
B2C	企业/贸易商（Business）直接面向消费者（Customer）销售产品和服务商业零售模式	国内直发 SKU 数量多 小件产品 资金周转快 物流时间长
M2C	生产厂家（Manufacturers）直接对消费者（Consumers）提供自己生产的产品或服务的一种商业模式，特点是流通环节减少至一对一，销售成本降低，从而保障了产品品质和售后服务质量	工贸一体 大件产品 市场响应快 产品售后少 物流体验好 库存压力大

续表

分类	定义	特点
M2B2C	生产厂家（Manufacturers）直接对贸易企业（Business）提供产品，然后再由贸易企业完成向消费者（Consumers）提供产品或服务的一种商业模式	SKU 数量多 物流体验好 资金需求大 库存压力大
S2B2C	一个大的供应链的平台（Supply - chain）面向企业/贸易商/销售商（Business）提供服务，协助 B 端企业完成针对客户（Customer）的服务	供应链服务 标准化流程 严选模式

B2C 的整个流程如下，见图 1 - 1。

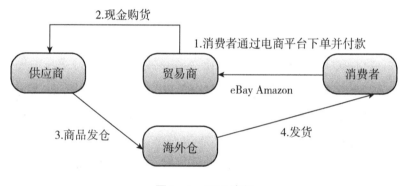

图 1 - 1　B2C 流程

M2C 模式下意味着工贸一体化，供应商首先将工厂的货物发往海外仓，消费者通过电商平台下单付款，贸易商按流程通知海外仓出货，安排合适物流发给消费者。在产品有市场的前提下，供应商的工厂能够保证产品质量，可以保质保量地满足客户需求，甚至可以根据市场需求进行微定制。

M2B2C 的模式为贸易商首先付现金从供应商手中购货，供应商按照相应流程将制定商品发往海外仓。消费者通过电商平台下单付款，然后海外仓出货。

S2B2C 的模式下，主要依靠完整的供应链平台，采取严格流程，进行质量把控。供应商去工厂采货，把货物发往海外仓，同时在平台上传商品

数据包。下游的多个贸易商向供货商取得销售权限并下载数据包，然后在电商平台发布产品，海外消费者下单完成支付后，贸易商需要向平台支付商品成本价，海外仓即可在仓库配送产品，最后平台向供应商支付商品成本价。供应商相当于采购部，而贸易商相当于销售部，依托平台各部门协动，互助共享。

从贸易模式看，跨境电商是国际贸易的一种新业态、新模式。跨境电商经过十几年的发展，整个行业经历了早期信息发布平台的探索阶段、交易平台运营阶段及近期B2C（企业对个人）兴起及快速发展阶段，每个阶段呈现出不同的特点。近年来，随着整个社会对跨境电商的关注度不断提高，跨境电商各参与主体对行业发展的共同推动，在多变化、网状化、高频度、数字化等特点外，跨境电商行业在参与主体、产业链和运营方式上出现了新的特征。

以往中国的产品销售到国外，通常需要通过国内出口商、国外进口商、批发商和零售商等环节，才能最终到达国外消费者手中。跨境电商作为基于互联网的进出口模式，缩短了以往的国际贸易链条，企业可以直接面对个体批发商、零售商，甚至是终端消费者。极大地精简了贸易中间环节，提升了进出口贸易效率，使企业获取更多利润有了可能性，也让消费者获得了更好的购物体验。与此同时，针对跨境电商发展所需要的营销、通关商检、跨境物流、支付等环节，跨境电商企业以及第三方服务企业不断进行资源整合，提供一体化服务，新型服务商不断涌现，整个产业链和生态系统的服务链条越来越清晰和完善。

2012年以前，跨境电商的参与者主要是以小微草根企业、个体商户和网商为主，跨境电商的模式主要是跨境零售。2013年之后，传统贸易中的主流参与者，如外贸企业、工厂和品牌商家开始进入跨境电商领域，并逐渐走向规模化运作，B2B模式在跨境电商中的占比逐渐增加。近年来，大量企业开始走品牌化运营之路，在海外市场积极推广自己的品牌，通过品牌化提升企业在跨境电商中的竞争力，提高产品内在价值，实现产业升级和转型。

二、传统出口外贸企业对跨境电商的需求

（一）从战略高度：国家需要跨境电商

2008 年经济危机极大地冲击了我国的传统外贸领域，世界经济持续低迷造成了我国传统制造业陷入出口困境。我国传统外贸出口近几年一直在进行深度调整和转型，错综复杂的国际经济走势，持续低迷的传统外贸采购需求，不断攀升的国内综合成本，我国的传统出口贸易方式遭遇了前所未有的挑战。2016 年，我国传统外贸出口遭遇寒冰期，中国海关总署数据显示，2016 年前 7 个月，我国出口总值比 2015 年同期下滑，而我国传统外贸中小企业，由于"人口红利"的发展优势渐渐失去，过去以劳动密集型为优势的产业面临巨大挑战。2017 年，世界经济进入了复苏期，我国国内经济也开始慢慢回暖，由此我国外贸进出口逐渐增长。中国海关总署数据显示，2017 年，我国货物贸易进出口总值 27.79 万亿元人民币，比 2016 年同期增长 14.2%。其中，出口总额 15.33 万亿元，同比增长 10.8%；进口总额 12.46 万亿元，同比增长 18.7%；贸易顺差 2.87 万亿元，收窄 14.2%❶。

在这种情况下，跨境电商的增速连年持续增长，已经成为拉动我国外贸出口的一个新业态和新模式。参与跨境电商的中小企业，通过电商平台直达海外消费者，通过数据化交易方式降低外贸成本，实现产品利润率的提升。电商平台已在线化和数据化，进一步降低了出口成本，提高了外贸效率，企业通过跨境电商参与市场竞争的时代已经来临。国家经济转型发展需要跨境电商这种新型业态和模式，跨境电商的快速发展也能够解决我国目前面临的对外贸易中出现的贸易失衡、环境失衡和服务贸易逆差等问题。

作为世界制造业大国，大多数传统外贸出口企业属于贴牌生产，处于产业链的底端，丧失了出口产品的定价权，使大部分利润掌握在国外进出口商和分销商手中，同时消耗了大量国内资源，造成了严重的环境问题。

❶ 参见：http://www.gov.cn/xinwen/2018 - 01/12/content_ 5255987. html。

跨境电商所具有的全球化和非中心化的特点，使我国的商品可以让更多的全球消费者认识和了解。物美价廉的中国商品更能激发消费者的购买欲望，同时跨境电商的发展使得国内消费者对国外优质产品和服务有了更多选择。跨境电商的发展可以帮助国内企业简化对外出口的环节，获得较高利润，也可以帮助国内制造商摆脱贴牌生产的困境，走向自创品牌的道路。

随着国内电子商务发展的不断成熟以及国家出台的一系列促进措施，跨境电商的发展将会成为我国对外贸易增长的重要的新生力量。

（二）从行业发展角度：企业需要做跨境电商

在跨境电商发展的初级阶段，有些企业对于跨境电商没有完整的认知，认为跨境电商就是跨越"边境"的互联网交易活动，就是在互联网平台上，把产品卖给"海外"市场。甚至有些企业对跨境电商的认识是：在亚马逊、速卖通、阿里巴巴、eBay 上开店就是跨境电商。

在山东外贸职业学院所做的一份跨境电商调研报告中，所调研的 1013 家国内企业，面对"做不做跨境电商?"这一问题时，企业有三种态度：26% 的企业认为必须要做跨境电商，这部分企业对跨境电商有一定的了解；48% 的企业认为企业不必做跨境电商，这些企业对跨境电商知识完全不了解；还有 26% 的企业持不明确的态度。这说明跨境电商在整个外贸行业的推广力度不够。甚至很多优秀的电商企业，他们对跨境电商的认识也不够深刻。这就导致很多企业在对跨境电商行业没有充分调研和深入研究的情况下，匆忙开展了跨境电商业务，对跨境电商的行动早于认识。很多企业盲目地在跨境电商平台上开店，在上传自己的产品后，很快发现在营销、物流等环节遭遇瓶颈。

该调查报告还调研了跨境电商企业的动力来源。调研结果显示：50% 以上是因为国家政策和商务厅培训促成企业转型做跨境电商。90% 以上是因为平台企业招商宣传，如阿里巴巴，所以才开展跨境电商业务。20% 的企业认识到，国际贸易环境恶劣，需要时代和技术来推动。约 30% 的企业是自发地意识到自身生存发展使命。对于跨境电商行动早于认识，这是许多跨境电商发展进入瓶颈的根源所在。只有真正了解和研究跨境电商，才能做到真正的知行合一，在跨境电商行业如鱼得水。2013 年以来，跨境电商逐渐成为传统企业排兵布局的重点，部分传统企业以跨境电商为突破点实现了企业的升级转型，把握住了时代机遇，走在了时代前沿。

跨境电商是一个完整的体系。从业务角度看，可以从以下六个角度进行理解：全球不同语言版本的网上销售；基于互联网的全球市场调研；基于互联网的营销活动开展；基于互联网的企业品牌传递；基于互联网的产品创新研发；基于互联网的海外客服服务。这些都是一个有长远发展构想的企业应该了解的跨境电商的概念或业务内容。这才是一个完整的跨境电商的认知体系，绝不是在网上进行海外销售这么简单。

从价值传递和效率的角度看，企业需要做跨境电商。在传统国际贸易下的价值增值环节和跨境电商的价值增值环节是不一样的。在中间的增值环节中，国际贸易的线下增值环节被跨境电商的一些线上环节所替代，从而产生或引发了成本的降低。整体来说，跨境电商主要是中间环节整体成本的降低。在传统国际贸易模式下，产品从供应商手里要经过营销、销售、质检、海关、支付、物流等中间环节，每一个环节都增加产品价值。跨境电商这种模式可以利用线上环节替代传统国际贸易的很多线下环节，从而降低成本，使最终的销售价格下降。因此，在保证质量的同时，跨境电商企业能够更快地将更便宜的商品传递到消费者手中，同时还能有出货频率的上升。单体利润的下降，却有总体利润的上升，这是当前国内跨境电商的核心价值。

在当今市场动态频繁变化的时代，产品研发的周期、市场推广的周期和品牌有效价值的周期都在缩短。通过互联网的传递和数据技术的帮助，企业更好地进行数据处理。互联网工具在国际贸易中起到的传递作用远远高于传统贸易。在传统贸易环境下，需要大量的人力、物力才能完成针对某个目标市场的完整调研。但是，运用互联网工具，能够轻松地完成针对目标市场的调研。

大规模出口/生产加工企业需要做跨境电商。目前国内跨境电商主要是 B2C（企业对个人），制造型企业做大宗货物的买卖，无法做通常意义上的跨境电商零售。实际上，做大宗货物买卖的企业依然可以通过互联网渠道做跨境电商，利用互联网渠道开展市场调研，进行全网络营销，并进行支付和物流跟踪。依托互联网与客户沟通，开展产品定制研发，打造品牌，提升产品核心价值。

优秀企业也需要做跨境电商。优秀企业具备全球化视野，短周期下创新研发优势，生存价值的使命感认知，优秀企业更需要全球化视野动态发展思维，注重企业的价值感、责任感、使命感。需要用更优秀的、更全局的开放理念去实现企业的升级和转型。互联网所具备的全球性、开放性和共享性的特点，能够帮助企业拓宽市场并寻找新兴市场。互联网的本质和优秀企业在全球发展的愿景是一致的，优秀企业更应该去考虑做跨境电商。作为优秀的外贸企业，更应该拥抱时代，积极去做跨境电商。

第二章　跨境电子商务相关理论

第一节　跨境电子商务

跨境电子商务的概念是指分属不同关境的交易主体，将传统贸易的展示、洽谈、成交以及支付、结算等各个环节通过电子商务平台来完成，然后通过跨境物流送达商品、完成交易的一种国际商务活动。跨境电商有五个明显地区别于传统贸易的特点：

①直接化。跨境电子商务跳过了中间商，实现了企业与企业之间、企业与最终的消费者之间的直接交易，相比于传统贸易的环节多、时间长、成本高的缺陷，跨境电商交易可以缩短交易的程序，同时也一定程度上降低了企业的成本，提高了企业的经济效益。

②多边化。跨境电商交易平台实现与其他国家之间的直接贸易，与传统贸易方式的点对点，或者点对多的特点相比，跨境电商更多是一种网状的结构，就是网络化，就是每一个点它都对应的很多点，并且这种不确定性和随机性都比以前要大很多。

③小批量、高频度。传统国际贸易都是大批量的集装箱，一次交易数量较大且每年的交易频率也不高。跨境电商明显区别一般贸易的特点，就是它的商品都是小批量，甚至是单件的。即传统贸易注重规模效益，而跨境电商更注重的是一种便捷性和实效性。

④无纸化。以前做贸易都是以纸质材料作为基础的，相应的电子商务就是实现无纸化，通过各种电子信息，对纸质材料进行替换，无纸化极大地促进了便利化。但是在目前的法律规范里面，仍然是以纸质交易为出发

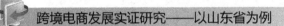

点，这对于法律方面的监管也提出了新的挑战和要求。

⑤数字化。数字化产品的种类、贸易量迅速增长。数字化产品，比如一些信息软件、娱乐视听产品等，这些大多是一些服务贸易产品或者是无形的产品。产品通过跨境电子商务进行销售是目前消费的趋势。

一、跨境电子商务定义

跨境电子商务是一种"小额贸易"的国际贸易形式，这种形式起源于2005年前后，主要是交易双方通过互联网进行沟通交流，达成交易目的，再以第三方支付工具，如 PayPal 等支付相关款项，最后通过联邦快递、UPS 等国际快递将商品送达客户手中。由于买方多为中小型企业，甚至是个人，交易次数多、交易量小、交易金额少，且主要在互联网上实现交易，因此形成了一种区别于传统外贸的交易方式。

目前，社会各界对跨境电子商务并没有专门的定义，意见也较为统一。跨境电子商务是分属不同关境的交易主体，利用电子商务平台进行磋商、达成交易和电子支付结算，并通过跨境物流送达商品、完成交易的一种新型的国际商业活动。定义强调了企业通过跨境电子商务实现交易的方式与过程，该交易不受国家间的地理因素限制，实现了无国界贸易，有利于企业在更广阔的国际市场寻找贸易伙伴。

本质上讲，跨境电子商务是以互联网为平台、电子技术为手段、商务交易为目的，将传统的营销、销售、支付、购物等方式转移到网络，打破了关境的壁垒，使商品交易实现全球化、网络化、个性化的状态。

二、跨境电子商务特征

（一）全球性

跨境电子商务依靠网络这一没有边界的媒介实现全球性的贸易活动。它突破了地域限制和时间限制：一国商家可以通过互联网发布商品和服务的相关信息，并与另一国的客户交流和达成交易；客户通过互联网而不需要跨越国界就可以找到商家，买到物美价廉的商品或服务。全球性的特征带来的积极影响是带给全球买家和卖家最大限度的信息共享，消除某些信息不对称问题；但它的消极影响也显而易见，既存在因国别不同而产生的文化、政治和法律不同的风险，同时平台也会存在一定的信用风险、支付风险等。

（二）无形性

传统交易以实物交易为主，但随着网络的发展及需求多样化，数字化产品和服务越发盛行，越来越多无形产品替代实物成为交易对象。以书籍为例，传统的产品销售、交易就是指纸质书籍的排版、印刷、销售和购买，而电子商务交易中，消费者只要购买书籍的数据权即可阅读书中内容。跨境电子商务是基于网络发展起来的数字化传输活动，必然具有无形性特征。跨境电子商务的无形性特征给国家的海关部门、税务机关等带来了监管考验，由于交易、支付等记录均在网上，表现为数字代码的形式，使相关部门难以进行有效监督，出现了如何统计、征税等问题。

（三）匿名性

由于跨境电子商务具有全球性和无形性特征，电子商务用户的真实信息一般很难识别。正是电子商务的匿名性，使得用户为规避某些交易风险，可以在隐匿身份的情况下顺利进行交易，导致权力与责任的不对称。跨境电子商务的匿名性使得交易双方提供的信息存在虚假，人们可以通过网络享受最大的自由权利和承担最小的责任，同时也给国家海关部门及税务机关统计交易数据与征收税款带来了许多困难。

（四）即时性

传统外贸模式的信息交流方式多数为信函、邮件、传真等，这种信息传输方式在传输过程中可能会遇到诸如延迟接收、丢失内容、乱码等问题，使得信息无法及时、流畅地传递下去，影响国际贸易的进行。跨境电子商务的信息交流，无论交易双方实际的距离多远，信息传输是即时的，发送信息与接收信息几乎同时，不存在时间差。如今有些跨境电商平台推出可直播购物现场功能，买手直播海外各大折扣卖场的扫货实况，用户也可以实时评论和互动，一定程度上等同于面对面交流，用户可足不出户，即可享受海外商品最震撼的折扣促销。跨境电子商务的即时性减少了传统外贸批发商、分销商等中间环节，生产商或出口商可直接面对零售商甚至最终消费者，降低了商品成本，提高了贸易效率。但由于跨境电子商务的即时性特征，买卖双方的交易活动可以随时开始和终止，交易内容也能随时变动，甚至可以脱离监管体系进行交易，导致海关部门和税务机关无从查证交易的真实情况，监管压力增大。

第二节 跨境电子商务相关理论

一、竞争优势理论

竞争优势理论是由美国哈佛大学教授迈克尔·波特提出。通过分析价值链（图2-1）上每个环节及辅助活动，迈克尔·波特认为竞争者价值链之间的差异是竞争优势的一个关键来源。归根结底，竞争优势产生于企业为客户创造超过其本身的价值，即在提供同等效益时采取较低的价格，或以不同寻常的效益补偿溢价所得。因此，竞争优势有两种主要形式：成本

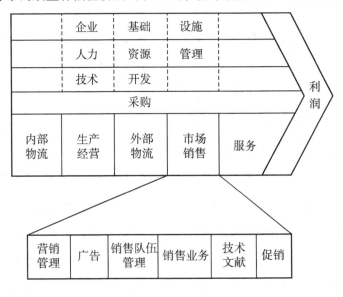

图2-1 基本价值链的分解

优势和差异化优势，它们在企业从事的经济活动及产生的经济成果中扮演着至关重要的角色。

成本优势是指在价值链上企业发生的累计成本低于其他竞争者的成本。成本优势的价值取决于其持久性。如果企业的成本优势对其他竞争者而言是难以复制或模仿的，其持久性才会存在。差异化优势是企业能为买方提供独特的、对于买方具有价值的东西，企业就具有区别于其他竞争者的差异化优势。差异化优势的构成主要从产品特色、服务特色、技术创新等方面实现。

在国家竞争优势中，迈克尔·波特从国际贸易和国际竞争角度出发，将国内竞争优势理论运用到国际市场领域，提出了"钻石"体系模型（图2-2），以解释竞争优势的形成与后续发展。通常所说的竞争优势理论指的就是波特"钻石"模型。如图2-2所示，在该模型中，波特把企业、产业和国家等多方有机结合起来，全面地构建了某一产业取得国际竞争力的理论框架。

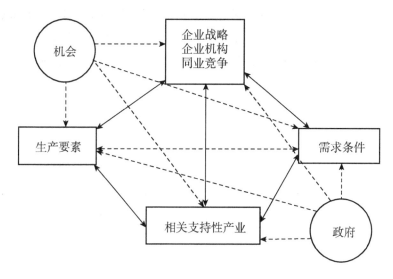

图2-2　波特"钻石"模型

首先，分析企业所在行业的产业结构，来确定企业的相对竞争优势；其次，国家根据市场发展需求选取某一产业，以该产业为中心分析国内各方面的环境因素，了解这些因素是如何影响企业在该产业内取得竞争优势

的。国家根据这些因素制定相应的政策，使企业尽可能充分地利用本国资源取得更多竞争优势，保持甚至进一步增强该产业的国际竞争力。

二、交易成本理论

企业一旦进行交易活动，就会产生交易成本。交易成本的概念最先由科斯提出。他认为，市场是通过价格机制来调节的，但由于环境的不确定性及复杂性、人类有限理性和投机主义等因素增加了价格机制运作下的成本。同时交易过程中需通过谈判签订契约，这些成本也增加了市场机制运作成本。因此，科斯将交易成本归纳为"发现相对价格的成本"和"交易谈判、缔结合同的成本"。

在此基础上，威廉姆森在《资本主义经济制度》中认为产品或服务的成本不仅是生产成本，还包括了交易成本。同时，他认为交易成本包括事先交易成本和事后交易成本。事先交易成本主要包括了起草、谈判和落实协议的成本；事后交易成本有退出契约关系的成本、调整原有契约内容的成本、商业纠纷发生的成本、保证交易长期持续进行的成本等。而造成这些交易成本出现的原因在于交易过程中存在人性因素和环境因素。它们的相互影响导致市场失灵，造成交易过程存在较多困难，继而增加了交易成本。

斯韦托扎尔·平乔维奇在《产权经济学》中写道，交易成本是在产权从一个经济主体向另一个经济主体转移过程中所有需要花费的资源的成本。他将交易成本界定为产权交换付出的成本，其中包括一次交易的成本（如发现交易机会、洽谈交易、监督成本）和保护制度结构的成本（如维持司法体系和警察力量）。这里包括的交易成本重点有信息费用、洽谈交易费用、执行交易费用。

第三章　外贸新业态下的
山东省跨境电商现状

第一节　跨境电商抓住机遇迅猛发展

中国经济进入新常态，体现出三大特征：经济发展速度转挡，经济由高速增长转为中高速增长；经济结构不断优化升级，由"二三一"转为"三二一"，产业排序发生了很大的变化；经济动力发展由传统的投资驱动转为创新驱动。适应和把握引领新业态就是要实现新旧动能的转换。党的十九大报告中提出："要拓展对外贸易，培育贸易新业态新模式，推进贸易强国建设。"可以看出从国家层面对新业态、新模式的高度重视。按照商务部的界定，外贸新业态、新模式就是外贸综合服务企业、跨境电子商务、市场采购贸易模式。这些外贸新业态和过去外贸主推的旅游购物相比，在形式和内容上都有明显的不同。目前的新业态模式还不仅限于此，随着时间的推移，新业态、新模式会出现更多的产业。

外贸新业态 2016 年拉动山东省出口近千亿元人民币，连续三年被山东省商务厅列为外贸工作的重中之重。外贸新业态已经取得了明显的成效，成为山东省外贸新旧动能转换的一个重要的抓手，成效越来越明显。外贸领域的新旧动能转换很重要的一项工作就是要加快发展外贸的新业态、新模式。

2017 年 1—10 月，跨境电商 9610❶ 模式下出口增长 4.6 倍。新业态有效地激活了一批"不懂不敢不会"做外贸的中小微企业，2017 年前 10 个月，全省净增出口企业超过 1945 家，对全省出口增长的贡献率达到 25.4%。2017 年，山东省着力突破新模式、新业态，强力推动贸易便利化，全省外贸呈现稳中有进、结构向好、质量效益提升、动能转换加快的发展态势。2017 年外贸依存度达到 24.7%，较 2016 年提高 1.6 个百分点，对全国外贸增长贡献率达到 6.8%。跨境电商正在成为山东省外贸增长的新引擎，产业转型的新平台，对外开放的新窗口。

新业态下的山东省跨境电子商务发展迅速。自 2014 年以来，山东省高度重视以跨境电商为代表的新业态发展，把培育跨境电商作为加快外贸新旧动能转换，推动外贸转型升级的关键之举，全省跨境电商出口连续三年保持 30% 以上高速增长。2014 年年初，青岛市获批成为山东省首个跨境电子商务试点城市，随后，烟台成为继青岛之后的山东省内第 2 个跨境电子商务试点城市。2015 年 8 月，为促进山东省跨境电子商务健康、快速发展，山东省政府正式出台《山东省跨境电子商务发展行动计划》，为山东省发展跨境电子商务提供了条件。2017 年，面对世界经济温和复苏，国内经济稳中向好的形势，山东省商务系统贯彻落实省委省政府决策部署，

---

❶ 跨境电商主要的监管方式目前有三种：跨境贸易电子商务﹣9610、保税跨境贸易电子商务﹣1210 和保税跨境贸易电子商务 A﹣1239。

跨境电子商务﹣9610：因跨境电商有着小额多单的特点，传统的海关监管政策对跨境电商企业负担过重。跨境电商 B2C 企业，在物流上主要采用航空小包、邮寄、快递等方式，报关主体是邮政或快递公司，新增代码将跨境电商监管独立出来，有利于规范和监管。

保税跨境电子商务﹣1210："1210"监管方式适用于境内个人或电子商务企业在经海关认可的电子商务平台实现跨境交易，并通过海关特殊监管区或保税监管场所进行的电子商务零售进出境商品（海关特殊监管区域、保税监管场所与境内区外或场所外之间通过电子商务平台交易的零售进出口商品不适用该监管方式）。

保税跨境贸易电子商务 A﹣1239：适用于境内电子商务企业通过海关特殊监管区域或保税物流中心（B）型"一线"进境的跨境电子商务零售进口商品。2016 年的"四八新政"后，保税进口试点城市和跨境电商综试区（共 15 市）继续使用 1210；对于需要提供通关单的其他城市，使用 1239。

努力推动全省商务工作稳中有进、进中向好，商务发展新动能加速成长，结构调整步伐加快，质量效益持续提升，为全省经济发展做出了积极贡献。

山东省进出口贸易稳步发展。据青岛市海关统计，2016 年山东省外贸进出口总值 1.55 万亿元人民币，比 2015 年增长 3.5%，其中，出口 9052 亿元，增长 1.2%，进口 6414 亿元，增长 6.8%。2017 年，山东省进出口完成 17823.9 亿元，同比增长 15.2%；其中，出口 9965.4 亿元，增长 10.1%；进口 7858.5 亿元，增长 22.5%；进出口、出口、进口增速分别较 2016 年加快 11.7 个、8.9 个和 15.7 个百分点，见表 3 - 1。

2017 年，山东省的外贸形势好于以往，规模和增幅创五年新高，呈现向高质量发展转变的态势。2015 年山东省进出口下降了 11.2%，2016 年增长了 3.5%。2017 年，山东省进出口、进口、出口三项指标都实现了两位数的增长，全省进出口增长 15.2%，全国进出口增长 14.8%，高于全国的进出口增长率。这些成绩的取得是全省上下各级各部门共同努力的结果。在进出口总量增长的同时，山东省的外贸进出口总体呈现了结构优化、质量和效益提升、动能转换加快的良好态势。山东省在实现速度增长的同时，质量和效益也有了很大的提高。

2016 年山东省机电产品出口实现了较快增长，增长了 11.9%，占全省出口额的 38.9%，比重上升 0.6 个百分点。对山东省出口增长的贡献率达到了 45.6%，特别是大型单机和成套设备产品、高端制造产品的出口增长强劲。

农产品出口再上新的台阶。2016 年突破了 1000 亿元，2017 年达到了 1100 亿元，增长了 7.2%，增速高于全国农产品 1.3% 的增长率，占全国农产品出口的 22.7%。山东省的农产品出口已经连续 19 年位居全国首位。这样的增长速度得益于自主创新能力的进一步增强。山东省国际自主品牌产品出口占比由 12.1% 提高到了 14.2%。加工贸易中，委托设计加工自主品牌出口占比上升到 35.3%。不仅是总量的提高，而且达到了结构的优化，效益的提升，这是非常可喜的变化。

表 3 - 1　山东省 2017 年 1—12 月对外贸易累计进出口额

项目	进出口			出口			进口		
	金额（万元）	同比增长（%）	比重（%）	金额（万元）	同比增长（%）	比重（%）	金额（万元）	同比增长（%）	比重（%）
合计	178238834	15.2	100	99654000	10.1	100	78584834	22.2	100
按企业性质划分									
国有企业	16056639	13.8	9	8069312	9.8	8.1	7987327	18.2	10.2
外商投资企业	56860238	4.4	31.9	34317040	3	34.4	22543197	6.7	28.7
民营企业	105321957	22.2	59.1	57267648	15	57.5	48054309	32	61.2
集体企业	11058004	17	6.2	5294206	13.3	5.3	5763799	20.6	7.3
私营企业	91137080	18.9	51.1	49958905	10.9	50.1	41178175	30.4	52.4
按贸易方式划分									
一般贸易	115519699	18.1	64.8	63895055	11.9	64.1	51624645	26.8	65.7
加工贸易	47356822	5	26.6	32556479	6.8	32.7	14800343	1.3	18.8
来料加工贸易	6851583	−7.1	3.8	4421949	−5.9	4.4	2429634	−9.1	3.1
进料加工贸易	40505239	7.4	22.7	28134531	9.1	28.2	12370708	3.7	15.7
其他贸易	15362313	29.5	8.6	3202466	10.5	3.2	12159847	35.7	15.5
对外承包工程出口货物	552660	−10	0.3	552660	−10	0.6	—	—	—
海关特殊监管区域进出口	13741168	28.3	7.7	1731343	−16.7	1.7	12009825	39.1	15.3
按大类商品划分									
机电产品	56391269	8.6	31.6	38772840	11.9	38.9	17618429	2	22.4
纺织服装	15376630	5.2	8.6	14441208	6	14.5	935421	−5	1.2
农产品	21079903	7.1	11.8	11525295	7.2	11.6	9554608	7	12.2
高新技术产品	19667091	1.5	11	9900633	1.6	9.9	9766458	1.4	12.4

数据来源：山东省商务厅，http：//www. sdcom. gov. cn/public/html/news/408766. html。

从市场结构来看，"一带一路"沿线国家贸易的快速增长带动传统市场的全面回升，"一带一路"沿线国家的进出口增长了16.4%，增速较2016年提高7.9%。东盟国家由2016年的第四大贸易伙伴取代韩国跃升为第二大贸易伙伴，进出口达到2555.6亿元，增长了18.3%。对美国、欧盟、日本、韩国的传统市场分别增长了12.6%、12.7%、17.9%和9.9%，传统市场也实现了较快的增长。

新模式出现了新活力，中小企业成为山东省重要的经济增长点。跨境电商出口是678.4亿元，增长了42%，连续三年增长保持在30%以上。其中，跨境电商9610模式下出口增长了2.1倍，40家省级外贸综合服务企业服务中小微企业2.5万家，出口额220亿元。其中，本土培育的企业增长了34.5%（不包括一达通）。青岛的海贸云商、临沂的百花供应链、威海蓝创出口成倍增长，分别增长6.4倍、4.1倍和3.9倍。外贸综合服务企业开始呈现出活力和生命力。市场采购出口12613票，出口额62.8亿元，特别是临沂市场采购占临沂出口增长的50%以上，2016年突破10亿美元。可见，"属地申报，口岸验放"一体化措施的出台大大推动了市场采购的发展。

外贸内生动力增强，民营企业及一般贸易进出口首次突破万亿元大关。民营企业数量较2016年增加2987家，进出口增长22.2%，占全省的59.1%。外资企业进出口增长4.4%，国有企业同比增长13.8%，均低于民营企业的速度。一般贸易增长了18.1%，加工贸易进出口增长5%，海关特殊监管区域进出口增长28.3%，高出山东省平均增长幅度1%。在进出口贸易中，民营企业表现突出，发展势头强劲，占有重要地位。从贸易形式角度看，一般贸易毫无悬念地稳居首席，发展稳步增长。

大宗商品进口量提升，部分关键零部件和民生消费品进口快速增长。原油、铜矿砂、铝矿砂、天然橡胶、棉花和成品油进口数量分别增长45.4%、3.9%、29.7%、15.9%、19.3%和28.9%。同时，这些大宗商品的价格也有一定幅度的增长。原油为第一大进口商品，增长81.5%。原油进口对稳定山东外贸进出口的规模功不可没。作为关键零部件的集成电路进口、自动数据处理设备进口也实现了快速增长，带动了传统产业的优化升级，促进了战略新兴产业的发展。消费品进口有较大幅度的增长。羊肉、牛肉、奶粉、化妆品等民生领域的消费品进口也有了快速增长，丰富了国内市场的供应。威海、青岛等地也充分发挥海运口岸的优势，定制、分批进口澳大利亚肉牛 5524 头，居全国首位，实现了海运成本的大幅度下降。

东部沿海城市继续发挥了进出口主力军的作用。全省进出口过千亿美元的城市有五个：青岛 5033 亿美元、烟台 3076 亿美元、潍坊 4124 亿美元、威海 4045 亿美元、东营 1312 亿美元。这五个地市占全省进出口的 68.5%。淄博、聊城、滨州、德州等中西部城市进出口增速均高于全省平均水平，成为外贸一个新的增长点，山东省外贸区域结构进一步优化。2017 年山东省外贸工作为省委省政府交上了满意的答卷，规模、增幅、结构、效益均取得令人满意的成就。

第二节　山东省外贸综合服务企业发展与成效

外贸综合服务企业就是将进出口业务各个环节的服务，整合到一个统一的平台，由平台企业投放给中小外贸企业。通过整合优化交易、支付、物流、通关、退税、结汇、融资、保险等国际贸易供应链的各个环节，发挥外贸专业孵化、专业人才孵化和产业聚集孵化的功能。实质上是外贸供应链的重组，包括海关、商检、银行、税务、外汇等政府监管部门；在同一个平台上，是一个流程再造。为中小企业开拓国际市场提供方便、快捷、高效的服务，从而降低了外贸成本。其前提是大数据的支持，突破了"单一窗口"的限制，实现商业模式创新、管理创新、服务创新，也是政府监管部门的一种创新。

2013 年 6 月中国进口、出口增速双降，在外贸形势非常不乐观的情况下，2013 年 7 月 24 日，为提振对外贸易，国务院常务会议制定了促进对外贸易的"国六条"，其中第四条首次提出支持外贸中小企业和民营企业，为进出口提供融资、通关、退税等服务。首次肯定了"外贸综合服务企业"的地位，并认可外贸综合服务业的退税功能。外贸综合服务企业不同于外贸企业，它是为外贸企业特别是中小微外贸企业提供综合服务的企业，是服务于外贸企业的企业。由于国家没有明确的定位，执法部门就把外贸综合服务企业也视为外贸企业，所以存在一系列后续监管问题。外贸综合服务企业是从外贸企业分离出来的、专门为外贸企业提供一系列服务的企业。

一、外贸综合服务行业发展历程

外贸综合服务行业发展经历了两个变化过程。2013 年，我国为充分发挥外贸服务企业的作用，为中小民营企业提供报关、融资、退税等业务；2014 年再次提出支持外贸服务业为小微企业提供专业化服务；2015 年国务院加快培育新型贸易方式，培育一批外贸综合服务企业，加强其通关、退税、物流、保险等综合服务；2016 年，商务部、海关总署、质检总局、国家外汇管理局将中建材外贸国际有限公司、宁波世贸通国际贸易有限公司、厦门嘉盛供应链有限公司、广东汇通矿业集团有限公司作为外贸综合服务企业，山东省也曾申报进出口 10 亿美元以上的外贸综合服务企业，但是没有达到要求。2017 年，商务部、海关总署、税务总局、质检总局、国家外汇管理局联合发布《关于促进外贸综合服务企业健康发展有关工作的通知》（商贸函〔2017〕59 号），明确了外贸综合服务业的定义。进一步完善、调整外贸综合服务企业的出口退税模式通告。这个文件进行双备案，对出口退税问题进行了进一步明确。现在政策还在实施当中，备案企业数量不多，实际操作中还有一些问题。

二、外贸综合服务成效

山东省政府对外贸综合服务企业做了以下四项工作，均取得显著成效。

1. 加强规划引领

从 2015 年起连续三年，山东省商务厅联合十个部门出台《关于加快培育外贸综合服务企业的实施意见》（鲁商发〔2015〕5 号）。计划到 2020

年，引进 3～5 家知名的外贸综合服务企业；重点培育 30 家省级外贸综合服务企业；在各个县市基层培育各具特色的外贸综合服务企业；目标是带动全省出口超过 300 亿美元。经过三年的努力，山东省现在认定了 40 家省级外贸综合服务企业。在通关、检验检疫、退税管理方面适当上调了分类管理的等级，而且给予了资金方面的奖励和支持。完善了外贸综合服务企业的风险补偿机制，创新了一些政策。

2. 制定认定办法

2014 年山东省政府制定了《省级外贸综合服务企业认定管理办法》，在全省范围内认定一批省级外贸综合服务企业。促进各地搭建外贸综合服务平台，加快外贸综合服务与跨境电商融合发展，延伸外贸综合服务功能，提供便利化措施，颁发铭牌并给予资金支持。

3. 完善风险补偿机制

山东省政府出台《关于建立山东省外贸综合服务平台授信风险补偿机制的通知》（鲁财工〔2016〕14 号）。山东省财政出资 3000 万元，与省级外贸综合服务平台共同设立授信风险补偿资金。由中国银行山东省分行对省级外贸综合服务平台及平台内中小出口企业的授信和出口收汇风险提供定向服务。当综合授信业务发生呆账坏账损失时，由中国银行山东省分行、省级财政、平台企业按照 60∶24∶16 的出资比例，分别承担综合授信业务资金本息损失。

4. 形成工作合力

为了集聚各级力量支持外贸综合服务企业的发展，山东省政府做了以下四项工作。

①加大财政支持力度。统筹促进外贸发展，支持省级外贸综合服务企业加速发展。鼓励其开展融资服务、延伸境外服务功能，建立国际营销网络，提升综合服务能力。

②提升通关便利化。海关实施较低的进出口货物查验率，简化进出口货物单证审核、优先办理通关手续。检疫部门给予优先办理报检、查验和放行的手续。

③完善出口免（退）税便利措施。优先办理出口免（退）税，对申报单证齐全、对应单证的电子信息准确无误且审核无疑点的出口业务，在 10 个工作日内完成免（退）税审批手续。

④扩大金融服务功能。鼓励金融机构给予融资及息费优惠，融资性担保机构提供担保增信服务，出口信用保险经营机构降低投保费用。省级扶持出口信用保险资金中，每年支持外贸综合服务企业投保额比重不低于 20%。

2017 年，外贸综合服务企业取得了显著成效。本土培育企业出口增长 34.5%，新增中小微企业是 7278 家。据山东省海关统计，新增中小微企业出口 499 亿元，拉动山东省出口总额增长 5.5 个百分点。

三、外贸综合服务企业存在的问题和应对举措

尽管山东省外贸综合服务企业有了可喜的发展，但是依然存在困难和问题。一方面，主体规模小、提供增值服务能力弱。2017 年 1—11 月，浙江省 21 家外贸综合服务企业出口 654.7 亿元，山东省 40 家出口是 202.8 亿元，不到浙江省的三分之一。另一方面，地区发展不平衡。目前，全省外贸还是主要集中在济南和青岛，占全省比重分别达到 44% 和 35%，其余 15 地市出口仅占两成多一点。出口规模和发展还是集中在山东省东部地区，西部地区外贸综合服务带动潜力还没有得到充分的发挥。此外，出口退税等相关配套政策需要继续进一步落实和完善。

针对外贸综合服务企业，山东省政府将从以下三个方面继续扶持其发展。首先，继续认定、培育和扶持发展省级外贸综合服务企业，注重培育特色型、区域型和本土化的外贸综合服务企业。力争到 2020 年，全省培育 10 家出口过 10 亿元的企业。其次，继续加大政策扶持力度。继续深化与中国银行山东分行的合作，落实用好 3000 万元外贸综合服务平台授信风险补偿资金。同时与中国建设银行山东省分行合作设立 2000 万贸 e 贷专项资金，对综合服务企业信用融资提供支持。最后，加强督导考核，健全奖惩和退出机制，推动外贸综合服务企业健康、快速发展。

第三节　山东省出口跨境电商蓬勃发展

2015 年山东省政府办公厅出台《山东省跨境电子商务发展行动计划》（鲁政办发〔2015〕33 号），实施 635 工程。力争到 2017 年培育 600 家跨境电商领军企业，建设 30 个省级跨境电商园区，50 个跨境电商公共海外仓。

跨境电商从 2015—2017 年，历经三年发展。山东省省级财政出资 3000 万元与阿里巴巴集团合作设立了"互联网＋外贸"信用保障资金，为在阿里巴巴国际站上的 1.2 万户山东中小外贸企业增加 4.7 亿美元的信用保障额度，支持企业继续在网上拓展外贸业务。这是政府信用和企业信用的叠加，提高境外采购商的采购意向。按照阿里国际的大数据，政府进行 1∶1 的信用叠加，一般采购商承受多少损失，由信用资金来补偿，提高国外采购商下单的能力。遭到损失的企业先从信用保障资金理赔，对采购商的权力进行了保护。此政策由阿里巴巴从山东省开始实施，后在杭州、福州等城市展开合作。

一、跨境电商概貌

根据临沂大学、临沂市商务局共同调研而形成的《山东省跨境电商出口企业调查研究报告》中的数据，可以得知：山东省跨境电商出口企业中，工贸一体型企业为主要企业形式，占总调查对象的 67%。贸易型企业位列第二，占总调查对象的 65%。生产型企业占总调查对象的 51%。目前山东省跨境电商出口企业主要是工贸一体型和贸易型企业，单纯的生产型企业仅占三分之一。贸易公司由于没有自己的制造工厂，货物在品质上得不到保证，影响公司的声誉，甚至存在客户跑单的现象。同时贸易公司为了追求更多的利润，和工厂之间讨价还价，品质和价格之间相互影响。生产型企业，尤其是小型工厂由于资金压力，一般没有实力参加国外的重要展会，订单来源主要是外贸单和有实力企业的尾单，订单具有很大的不确定性。太多的环节，不仅增加成本，而且很难做到多赢。针对目前存在的这种现状，工厂加外贸，工贸一体型企业自己生产产品对外销售，公司出口的产品一般都是公司自己生产以及在公司的经营范围内。企业既有工厂，又利用进出口权开展贸易活动，这种工贸一体型企业发展形式势在必行。

根据临沂大学、临沂市商务局共同调研的数据，被调查的 184 家企业中，有 155 家企业的跨境电商出口模式为 B2B，20 家企业为 B2C，仅有 8 家公司为 M2C 的模式。这说明，B2B 是主要模式。根据中国海关数据统计，目前中国的跨境电商市场商业模式包括 B2C、B2B 和 C2C。目前跨境电商的市场规模占出口总额的 12%，而且这个数值会越来越高，最终跨境电商会成为一个万亿级别的超级大规模的市场。出口跨境电商的发展重心从跨境 B2C 走向跨境 B2B。从市场规模和市场容量来说，跨境 B2B 的未来比跨境 B2C 广阔。2016 年，中国商务部不止在一个平台表示，相对于跨境 B2C，跨境 B2B 会是未来跨境电商发展的重点。据市场调查显示，B2B 市场正进入变革拐点，逐步走进 3.0 时代，阿里巴巴的供应链研究院以及为制造企业构建数据资产通道的一呼百应，都在以不同的方式对 B2B 数据加以利用，拓宽平台服务范围。一呼百应创始人戴森表示，未来 B2B 电商的发展，将不再局限于信息撮合，B2B 电商平台的最大价值在于"赋能制造企业"，构建完善生态圈，提供线上交易、大数据应用和供应链金融等一系列服务。

二、出口跨境电商培育主体

山东省政府在 2015—2017 年会同财政、口岸、海关、检验检疫、税务、外汇等部门，认定跨境电商主体单位 89 个。其中，跨境电商综合服务平台 30 个，跨境电商产业聚集区 25 个，跨境电商公共海外仓 21 个，跨境电商实训基地 13 个，并给予政策资金支持。

此外，2016 年 1 月，国务院批准包括青岛在内的 12 个城市设立跨境电商综合试验区，山东省跨境电商发展迎来新的历史机遇。山东省政府 2016 年发布《中国（青岛）跨境电子商务综合实验区建设实施方案》，突出青岛特色优势，推进"两平台六体系"建设。经过一年发展，2017 年，青岛综合实验区取得了很好的成效。同时，山东省在全国率先创新认定省级跨境电商综合试验区。2016 年 11 月，在济南、烟台、潍坊、威海和日照 5 个市设立省级跨境电子商务实验区，探索具有本地特色的跨境电子商务发展路径。截至 2017 年，山东省总计提供 4000 万元的跨境电商发展专项资金，全省各地区都可以申请。2017 年国务院也明确还要进一步扩大国家级跨境电商试验区，很多省市都在争取这个机会，山东省的潍坊、烟台等城市也在积极争取成为国家级的跨境电商试验区。

三、出口跨境电商存在的问题和应对举措

（一）山东省出口跨境电商目前存在三方面的问题

1. 基础弱、规模小

2017 年 1—11 月，浙江省 9610 模式下出口 174.1 亿元，广东省 118.3 亿元，山东省 10.6 亿元，差距比较大。此外，山东省尚未培育出在全国范围内有一定影响力的跨境电商平台。

2. 创新力度不大

青岛跨境电子商务综合试验区（以下简称青岛综试区）尽管发展较快，但与杭州、宁波、郑州等市还有明显的差距。从出台创新政策数量来看，杭州出台 85 项，郑州 66 项，青岛只有 20 项。从跨境电商进出口规模来看，2017 年 1—10 月，杭州综试区进出口 500 多亿元，郑州综试区进出口 400.4 亿元，青岛综试区仅 188.3 亿元。

3. 地区发展不平衡

从主体数量看，截至 2017 年山东省认定省级外贸新业态主体 135 家，其中东部沿海 6 市拥有省级外贸新业态主体 78 家，占山东省主体总数近 6 成，中西部 11 市仅占四成；其中近九成的跨境电商综合服务平台集中在东部沿海 6 市。

（二）跨境电子商务下一步的工作措施主要包括以下几点

1. 加快推进平台建设

加快推动跨境电商综合试验区建设。积极推进"六大体系、两个平

台"建设，推进青岛综试区1210保税进口早见实效，抓住机遇，扩大规模。在全省推动省级综试区建设，争取成为第三批国家综试区并享受过渡期政策。推广济南关区跨境小包纳入跨境电商出口（统一版）监管系统经验，推动青岛关区与邮政对接，争取邮政小包全部纳入统计。

2. 拓展整合跨境物流通道

推动威海市建设"中日韩跨境电商海上高速物流通道"。发挥威海物流通道优势，立足山东，面向全国，拓展通道，打造中日韩威海海上通道，服务全国。广州和义乌对韩国的进出口都是途经威海，一定要把优势做大做强。引导企业在日韩欧美等目标市场及"一带一路"沿线国家，布局设立一批新的公共海外仓。有效整合中欧班列资源，促进常态化并稳定进行，推动中欧班列成为山东省跨境电商贸易新通道，提高运营效果和效率。

3. 加强主体培育

继续开展省级跨境电商主体认定工作，扩大主体队伍，加强对现有省级跨境电商主体管理和支持力度。争取到2020年，培育出1~2家在全国具有一定影响力的跨境电商平台和产业聚集区。

4. 持续开展跨境电商培训

山东省成立全省跨境电商协会，依托山东外贸职业学院，组建跨境电商咨询专家库，成立山东省跨境电商产教联盟，有35所高等院校和14家企事业单位成为理事单位，1500多家会员单位。继续开展"跨境电商进万企"专项培训，实实在在地给企业免费培训。2015—2017年，连续三年举办千人规模的"跨境电商生态峰会"。山东省跨境电商生态峰会已经举办了三届，每一届的形式都有所创新，受到企业的高度关注和认可。2018年，还要继续举办第四届"跨境电商生态峰会"。积极开展"跨境电商进万企"宣传活动，加大外贸新业态专业人才培训，全面提高山东省企业利用"互联网＋"手段开拓国际市场的能力。2017年举办33期跨境电商培训，参加人数9600多人，覆盖省内6000多家企业，在商务系统和教育系统都得到很好的反馈。此外，还要提升"齐鲁跨境电商云学堂"在线培训功能。

5. 实施"外贸新旧动能转换示范县"试点培育工程

积极培育"出口产业集群 + 国际自主品牌 + 指明电商平台 + 外贸综合服务企业 + 公共海外仓""五位一体"发展新模式,重构外贸供应链,打造新的外贸生态圈。五位一体模式,就要从源头进行外贸功能转换,从产业品牌、线上线下、内贸外贸融合发展。山东省每一个县都可以培育一个外贸特色产品,重点培育品牌产品,为更多当地中小企业提供机会。

6. 启动"优商优品培育"工程

重点推动全省 300 家品牌企业与指定的电商平台合作,打造线上山东品牌馆,培育一批跨境电商领域国际知名品牌。目前,"优商优品培育工程"是与阿里巴巴平台合作。企业选择品牌电商,电商也要选择品牌企业,共同打造线上山东批发跨境电商领域国际知名品牌。

第四节 市场采购贸易助力山东省 出口跨境电商发展

市场采购贸易方式是指符合条件的经营者在经国家商务主管部门认定的市场聚集区内采购的、单票报关 15 万美元(含 15 万美元)以下,并在采购地办理的出口商品通关手续的贸易方式。市场采购这种新业态模式具有非常好的政策优势,如放宽主体准入、实现通关便利、实行免税政策、外汇收支灵活等。此外,市场采购贸易还具有交易内贸化、物流国际化的特点,适合小批量、多批次、多品种的商品进行拼箱组柜。

国家对市场采购贸易试点的政策非常严格,截至 2017 年,国家共设立了三批八家市场采购贸易试点。第一批是 2003 年的义乌小商品市场,第二批是 2015 年江苏海门的叠石桥国际家纺城和浙江海宁皮革城,第三批是 2017 年江苏常熟服装城、广东花都皮革皮具市场、山东省临沂商城工程物资市场、湖北省武汉汉口北国际商品交易中心、河北省白沟箱包市场。

(一)山东省临沂商城工程物资市场发展

临沂商城的市场采购和义乌、广东花都的市场采购有很大的不同,义乌和广东花都主要是生活层面的小商品，同时他们的外商数量非常多，常驻的境外客商有两万人，流动客商有 30 多万人。而临沂市场采购是在生产层面，主要做内贸商场，外贸客户资源很少。广东花都和义乌在做市场采购模式之前就已经一直在做小商品采购，且是量身定做的，其核心是简化归整，商品可以拼箱，货值在 15 万美元以下可以免税，小商品小企业结汇的政策更加宽松。义乌、广东花都的市场采购贸易发展先有业态，再发展政策，所以比临沂商城发展迅速。临沂商城是先有政策模式后有业态，因此临沂商城的发展需要政府、采购商、供应商各层面协同发展。

临沂的市场采购也经过了一个发展的阶段，政府等各层面均做了相应的推动工作。2017 年 9 月，临沂商城带队到青岛海关进行多次对接，在青岛关区顺利实施"实施采购地申报，口岸验报，一体化通关"政策。2017年，经互联网信息平台实现市场采购贸易累计 12609 票，交易金额业已达到 10.1 亿美元。跨境电商企业试点增加到 2000 家，贸易代理商增加到334 家。

建立健全协调推进机制。建立了省市联动、部门协同、市场运作的多层联动机制。2016 年 11 月 23 日，山东省政府办公厅印发《关于在临沂商城工程物资市场开展市场采购贸易方式试点工作的实施方案的通知》（鲁政办〔2016〕203 号），要求临沂商城抓住重要机遇，积极参与"一带一路"基础设施建设和工程物资采购，大胆探索、创新发展、精准施策、务实高效，通过制度创新、管理创新、服务创新和协调发展，在市场采购贸易方式的业务流程、监管模式和信息化建设等方面先行先试，突出国家试点市场中唯一生产资料市场特色，发挥临沂商贸物流优势，推进对外承包工程承揽海外项目所需的生产资料、生活资料商品出口，积极打造工程物资集采集供出口新模式，不断强化自主品牌建设，以贸易引领产业提升，以产业带动区域发展，积极推进供给侧改革，尽快形成具有山东特色的市场采购贸易方式产业链和生态圈，提供可复制、可推广经验模式，为全省外贸稳定增长和转型升级做出贡献。

提升贸易便利化水平。建立了市场采购贸易出口负面清单，开发了出口商品价格比对功能。优化市场采购贸易互联网信息平台报关及转关功能，推广应用电子关锁等措施。

强化政策宣传培训。举办专题政策培训16场，在青岛、广州、义乌等地举办路演活动，采购商对接会，编印发放各类宣传资料上万册。

搭建商品集采集购平台。2017年，临沂商城专门新建了2万平方米市场采购贸易服务中心，实现了贸易主体聚集、出口产品展示的"一站式"服务等功能。为入驻企业提供翻译咨询、业务指导、外贸代理等"一站式"服务。

引进对接采购主体。对接中国对外承包工程商会、境外采购商，2018年4月17日，临沂商城在广州珠江游轮举办境外采购商对接会，为广大国际采购商、商城供货商搭建了一个广阔的洽谈平台，邀请来自美国、阿根廷、印度、巴基斯坦、阿联酋、柬埔寨、摩洛哥、中国香港等30个国家和地区的近240名采购商参会，与临沂商城工程物资供货商进行了精准对接，取得了一定成效。

（二）临沂试点存在的问题和应对举措

作为国家第三批市场采购试点，临沂商城工程物资市场已经取得了一定成效，但是依然存在以下三方面的困难和问题。

①临沂商城工程物资试点市场基础条件有待完善，环境氛围有待提升。市场整体布局水平较低，距全国知名生产资料试点市场环境条件有差距。市场主体作用发挥不够，对试点政策的领悟和把握还存在偏差，思想解放程度不够，国际视野欠缺。

②订单不足，业务量增长缓慢。主要表现为两点。一方面，缺乏优质供货商。市场商户多为产品区域代理，产品占有率相对较低，商品质量价格优势不明显，对采购商吸引力不足。另一方面，缺乏大型采购商，开展市场采购贸易业务的大多数为本地原有企业，新注册和外部引进的贸易主体较少，尚无大型采购商前来采购，外来新增采购订单较少，缺乏直接有效的采购商引进渠道和手段。

③服务体系有待完善，政策研究创新不足。市场采购贸易政策宣讲、业务培训、平台推介的工作力量有待加强，试点政策运用缺少规划研究和

制度创新，市场采购贸易试点的针对性和实效性有待提高。商品集采集供、线上线下平台亟待建立，"一站式"贸易服务体系有待健全完善，营商环境需要进一步优化。

对于市场采购这种模式，下一步需要从以下四个方面进行进一步发展。首先，着力解决"集采、集供、贸易服务"三个关键环节，实现市场采购贸易由"政策吸引"向"功能吸引"转变。其次，发挥机械装备大型优势和工程物资市场"集采、集供"出口平台作用，积极参与"一带一路"沿线国家基础设施建设。再次，对标瞄准广州采购贸易试点经验的做法，落实"采购地申报、口岸验放"一体化通关模式，在青岛关区8市全面复制推广市场采购贸易试点政策的基础上，力争在济南关区复制推广。最后，支持即墨国际商贸城、烟台三站市场等升级内外贸结合市场，争取国家级市场采购贸易试点。

新业态是一种工具，也是一种渠道。新业态不是万能的，必须与产业、品牌培育相结合，提升产品国际竞争力，才能行稳致远。要围绕加快外贸新旧动能转换的目标，完善线上跨境电商平台和线下境内外展会平台，推动外贸与产业融合、线上与线下融合、内贸和外贸融合这三大融合，培育跨境电商、外贸综合服务企业、市场采购贸易、旅游购物四大模式，统筹"五位一体"（"特色产业集群＋自主品牌＋跨境电商平台＋外贸综合服务企业＋公共海外仓"）联动发展，重构传统外贸供应链，打造新的外贸生态圈。

外贸新业态，无论是从国家级还是省级层面，都是一个不断探索和完善的过程。政府部门要在政策促进、贸易便利化等方面不断创新管理和服务。广大外贸企业要适应"互联网＋外贸"新形势，积极创新、大胆实践，不断创新商业模式，提升国际竞争力，力争山东外贸新业态发展走在全国前列，推动山东外贸转型升级、创新发展。

第四章　山东省出口跨境
电子商务发展对策

　　2017 年山东省的外贸形势喜人，出口规模和增幅创了五年的新高。外贸呈现向高质量发展转变的态势。青岛海关 2018 年 2 月 6 日对外公布，2017 年山东省跨境电商进出口值 19.8 亿元人民币，比 2016 年增长 4 倍。韩国成为山东跨境电商出口主要市场，出口值达 10.9 亿元人民币。青岛海关统计数据显示，韩国是山东跨境电商出口的主要市场，占出口总值近九成，主要出口商品为机电产品、服装及衣着附件、塑料制品、家用空气净化器、文化产品等；美国、加拿大、日本、澳大利亚是主要进口市场，主要进口商品为服装、化妆品、宠物食品及保健品等。

　　作为山东省跨境电商的领头羊，青岛海关辖区共有 15 个业务现场开展跨境电商进口业务，共有 8 个现场开展出口业务。青岛海关已通过电子系统实现跨境电商企业及口岸管理部门的信息共享和数据交换，并在企业备案、审单、征税、放行等环节实施通关无纸化，为企业提供快捷通关服务。与此同时，青岛海关加强对订单、运单、支付单与清单的比对分析，掌握跨境电商全程信息状态，加强实际监管。未来，青岛海关将继续把支持跨境电商等新型贸易业态发展作为促进新旧动能转换、推动新一轮高水平对外开放的一项重要工作。2018 年起，跨境电商零售进口监管过渡期政策适用范围新增青岛等 5 个城市，标志着青岛乃至山东省跨境电商发展进入新时代。

　　跨境电子商务正在开创一片境外贸易的新蓝海，山东省充分利用阿里巴巴国际站、全球贸易通、广贸天下网、世贸通等具有一定知名度的跨境电商平台为省内中小企业服务，实现线上下单、线下交易。加快跨境电商公共海外仓建设，鼓励引导企业在主要海外市场进行布点，缩短运输时间、降低运输成本、提高清关效率，带动山东省产品出口。依托一达通、中基汇通、世贸通等国内知名、辐射带动力强的综合服务平台和省级外贸综合服务企业，帮助中小企业解决无订单、交易成本高、融资难等问题，带动山东省的质优价廉的商品更快更好地走向国际市场。2017 年外贸工作为省委省政府交上了满意的答卷。

第一节　平台篇：山东省出口跨境电子商务多平台运营

跨境电商的贸易平台，指分属不同国界或地区的交易主体交换信息、达成交易并完成跨境支付结算的虚拟场所，具有电子化、全球性、开放性、低成本等特征，显著提高了跨境贸易的交易率，使中小外贸企业有可能拥有与大企业一样的信息资源和竞争优势。目前我国跨境电商平台模式主要有四种：传统跨境大宗交易平台（B2B），如阿里巴巴国际站、环球资源网和中国制造网；第三方跨境电商平台（B2C），如全球速卖通、敦煌网等；自建跨境电商平台，见表 4 - 1 及米兰网、大龙网等；跨境电商代运营平台，如四海商舟、锐意企创等。

表 4 - 1　部分跨境电商平台特点表

跨境电商平台	特点
Amazon	全球最大跨境电商平台，自营 + FBA，适合品质好、有品牌的产品
eBay	跨境电商平台的先驱和领导者。适合 C2C，做欧洲、澳洲、美国等地区和国家的业务，适合发达国家，适合比较有特色的产品
速卖通	发展中国家跨境电商王者，适合跨境零售，选择一些价格相对较低的产品，拓展新兴市场。巴西、俄罗斯、印度等市场对速卖通相当认可
Lazada	东南亚最大的跨境电商平台
Wish	移动端购物，适合价格便宜的小件商品
敦煌网	适合做批发，为 eBay、Amazon 供货

除了在国内的跨境电商平台上开展跨境电商业务，企业可以在目标市场全球各国主要的跨境电商平台展开业务，通过电商跨境，在目标市场认可的平台上展开销售，如表4-2所示。

表4-2 各国家和地区代表平台分类

国家和地区	平台
美国	Amazon，Walmart，Facebook
中国	阿里巴巴国际站、速卖通
波兰	Allegro
荷兰	Bol. com
法国	Cdiscount、Spartoo/La Redoute
日本	Rakuten
韩国	Gmarket
印度	Flipkart
东南亚	Lazada
俄罗斯	Ozon，Ulmart
德国	Zalando/DaWanda
中东	Souq
南美	MercadoLibre

一、平台多元化时代多平台运营势在必行

2015年中国跨境电商进入全面发展时期，2015年跨境电商在整体环境上已经拥有了很多发展成熟的平台型跨境电商企业，包括敦煌网、阿里巴巴国际站、全球速卖通，独立的跨境B2C网站也发展迅猛，资本的大量流入加速了与跨境电商的市场结合。各类传统、新兴、区域电商平台都在发力跑马圈地，群雄逐鹿。全球主要的跨境电商平台进入了多元化时代。

中国跨境电商领域，不仅有传统的跨境电商平台企业排兵布阵，新兴的平台企业也崭露头角。

根据赛兔发布的《2015 年中国出口跨境电商行业研究报告》，在被调研的卖家中，超过一半的卖家同时在多个平台进行销售。

根据《山东省跨境电商出口企业调查研究报告》，在被调查的 184 家企业中，82.61% 的企业使用阿里巴巴国际站，26.63% 的企业使用中国制造，8.9% 的企业使用亚马逊。77 家企业承认开展多平台运营，且成单量最多的平台为阿里巴巴国际站。在各种跨境电商平台上，72.83% 的企业在阿里巴巴国际站上进行多个销售账号运营，17.39% 的企业在中国制造商拥有多个销售账号。Wish 平台卖家最有安全感，仅有 1.09% 的卖家在该平台上开展多账号销售。

中小型企业在多平台开展跨境电商业务时，要对不同跨境电商平台的经营范围、平台优势、收费模式、信息物流运作模式、资金流运作模式、物流运作模式进行比较分析，对跨境平台进行合理选择。

二、多平台运营的前提：吃透平台规则

跨境电商平台致力创建运营者、用户、平台等各方共赢互利的生态体系，平台的规范运营和可持续发展有助于卖家方便快捷地进行国际商务行为。平台规则能够规范用户的商务行为，保障用户的合法权益，有助于打造一个企业、机构与个人用户之间交流和服务的优质平台，进一步降低沟通和交易成本并创造更多的社会价值。作为卖家，在开启多平台跨境电商销售之前，必须了解所操作平台的相关规则，以便于销售的顺利开展。本文选取 eBay、速卖通和 Wish 三个跨境电商平台规则为例，介绍平台的通用规则。

eBay、速卖通和 Wish 三个跨境电商平台规则的体系构成并不相同。速卖通规则体系最为详尽具体。除了平台规则外，卖家义务、招商标准和行业标准均被列入规则体系。eBay 和 Wish 体系与速卖通相比，构成上相对简洁。eBay 从卖家准则、违规行为和卖家保护三个方面形成规则体系。Wish 则直接列出了从注册到账户暂停的九方面内容，并没有对规则进行归类。尽管平台规则体系直观上不一样，三个平台规则涵盖的内容基本一致，包括产品发布、交易、服务等环节，同时都非常注重知识产权的

保护。

（一）发布规则

正确描述将要发布产品信息不仅可以提高成交率，也可避免卖家交易后因产品描述不符而产生不必要的交易纠纷，不正确的产品描述会扰乱平台交易秩序。产品描述不当会导致违规产品被删除、账户受限，严重者账户会被冻结，在发布时，卖家应特别注意下列规则。

1. 选择正确分类和属性

选择正确的产品分类是发布产品的第一步。产品必须发布在正确的类别中，如出售产品存在多级子分类，需将产品发布在相对应的分类中，如果产品分类错误，影响到产品的曝光率，进而影响店铺的销量。

为避免放错类目，卖家可参考以下的做法，避免在产品发布过程中发生类目错放：

首先，要对平台的各个行业、各层类目有所了解，知道自己所售产品从物理属性上属于哪个大类目下，然后再发布产品。

其次，可在线上通过商品关键词查看此类商品的展示类目。为避免在商品发布过程中发生属性错选：首先，要对平台的各个行业下所设属性有所了解，知道自己所售商品，物理属性和营销属性都有哪些，如"女士衬衫"，可能会有"颜色、款式、尺码、领型"等属性。其次，可在线上通过商品关键词查看此类商品的展示属性，作为参考。最后，根据自己所要发布的商品选择好类目，逐一考虑发布时待选的属性，避免选错、选漏和多选。

2. 使用标准产品图片

符合标准的高品质图片能给买家提供更好的购物体验，使产品更容易售出。品质低的图片不利于商品的展示和买家关注，因此，卖家要根据平台要求选择符合标准的高品质图片。

eBay 对物品图片刊登有以下详细标准：

①所有产品刊登必须至少包含一张图片。

②图片的最长边不得低于 500 万像素（建议高于 800 万像素）。

③图片不得包含任何边框、文字或插图。

④二手物品刊登不得使用 eBay catalog 图片。

⑤请务必尊重知识产权，不得盗用他人的图片及描述。

3. 准确描述产品

对发布的产品描述必须准确，产品的标题、图片、属性、详细描述等信息之间均需对应。如有明显不符，平台将认为信息涉嫌欺诈成分，对产品进行相应处理。Wish 平台规定产品上传期间提供的信息必须准确，如果对所列产品提供的信息不准确，该产品可能会被移除，且相应的账户可能面临罚款或被暂停。因此卖家在对产品进行描述时，必须做到真实和准确，并保证各类信息对等。

4. 使用符合平台标准的链接

发布产品时，可以在产品描述中使用一些链接来帮助促销产品，让感兴趣的买家有机会进一步了解更多有关刊登产品的资料。该政策是为了防止卖家不当或恶意地使用链接，进而维护一个公平公正的交易平台，因为包含不当链接的信息，会严重伤害平台的可靠性和合法性。

Wish 规定不得引导用户离开 Wish，如果商户列出的产品鼓励用户离开 Wish 或联系 Wish 平台以外的店铺，产品将被移除，其账户将被暂停。

eBay 规定卖家只能在"物品说明/Item Description"中加入特定类型的链接，以下是 eBay 列出可使用的标准链接类型：

①一个可前往刊登物品进一步说明的链接。

②一个电邮地址的链接，让对物品感兴趣的买家能通过电邮方式，向卖家询问有关物品的问题。

③物品的图片链接。

④卖家在 eBay（包括 eBay 商店）刊登之物品的链接。

⑤会员的"我的档案"页面链接（不是 eBay 提供的"我的档案"图示）。

⑥"加到最爱的卖家/商店"页面链接。

⑦向合作伙伴致谢的链接。

⑧一个物品条款与细则说明页的链接，卖家必须在物品说明中加入重要的相关资料，同时此页面中也不可含有连到其他网站的链接。

eBay 禁止使用的链接包括：

①在 eBay 以外，提供交易、出售、购买商品或服务的网站链接，包括静态网址和一般的链接；

②出售违反 eBay 规定之物品的网站或网页链接。

③要求买家提供 eBay 会员账号或密码的网站链接。

④鼓吹买家通过 eBay 以外网站对 eBay 物品出价的链接。

⑤连至网上聊天系统的链接或其他连线方式。

⑥订阅非 eBay 代管之直销电邮或直销电邮清单的链接。

若违反此项政策规定，eBay 将按实际情况采取下列不同程度的处置措施：取消刊登物品；限制账户使用权利；冻结账户（Account Suspension）。

速卖通平台在发布类规则中明确禁止"留有联系信息"。"留有联系信息"是指任何字段或图片中禁止出现联系方式，如邮箱、QQ、ICQ、MSN、SKYPE 等；同时在任何描述中禁止出现非速卖通平台的网站链接。如果违反此规则，速卖通将商品信息退回或删除。对初犯者，平台将给予警告。违规商品信息过多或屡犯者，速卖通平台将视违规行为情节严重程度进行冻结账户或关闭账户的处罚。

5. 严禁重复发布产品

重复发布产品（重复刊登或重复铺货）会影响买家的购物体验以及平台的市场秩序。为了给买家更好的购物体验，同时为了规范平台秩序，各平台均设置相关规则禁止重复发布产品的行为。

eBay 规定，以下类型的产品，如果刊登的是相同产品，即使刊登形式或内容描述不同，也将被视为重复刊登：

①以拍卖形式刊登相同的物品，它们仅仅是结束时间、起拍价格或底价不同。

②相同的物品，分别以带有一口价选项的拍卖形式和不带一口价选项的拍卖形式来刊登。

③以一口价形式和带一口价选项的拍卖形式刊登相同的物品。

在 eBay 各站点，卖家不能同时为同样的物品创建超过一条的一口价物品刊登，卖家通常也不能够创建重复的拍卖物品刊登。只有那些以拍卖方式刊登会有较好的销售表现的物品，并且几乎能 100% 售出的物品才能重复刊登。如果卖家不确定物品是否有很大的售出概率，一次只应创建一条产品刊登。eBay 将酌情删除重复的拍卖物品刊登。

速卖通规定商品之间须在标题、价格、图片、属性、详细描述等字段上有明显差异。如图片不一样，而商品标题、属性、价格、详细描述等字段雷同，也视为重复铺货。如果需要对某些商品设置不同的打包方式，发布数量不得超过 3 个，超出部分的商品则视为重复铺货。同一卖家（包括拥有或实际控制的在速卖通网站上的账户），每件产品只允许发布一条在线商品，否则视为违反重复铺货的政策。

Wish 严禁列出重复的产品，相同尺寸的产品必须列为一款产品，不得上传重复的产品。如果商户上传重复的产品，产品将被移除，且其账户将被暂停。同时，禁止将原来的产品修改成一个新的产品。如果商户将原始产品修改成一个新的产品，那么这个产品将被移除同时账号也将面临处罚或暂停交易的风险。

为了避免重复发布，在发布产品时，要确保在产品的标题、价格、照片、副标题、产品 ID、产品属性或兼容性部分展示出它们的不同。

（二）交易规则

为维持平台的正常有序运营，维护买家和卖家利益，为双方营造相对公平稳定的交易场所，为买家创造更好的购物体验，各平台均制定了相应的交易类规则。

速卖通制定十一条交易类规则，明确禁止规则中所涉及的行为，包括：虚假发货、信用及销量炒作、诱导提前收货、不正当竞争、违背承诺、恶意骚扰、引导线下交易、严重货不对版、严重恶意超低价、严重扰乱平台秩序和不法获利。详情参考网站：http：//activities. aliexpress. com/adcms/seller – aliexpress – com/rule/trade/list. php。

eBay 平台规定以下两种行为属于交易违规：

1. 卖家成交不卖

当卖家刊登在 eBay 上的物品有买家成功竞标，买卖双方相当于签订了交易合同，双方必须在诚信的基础上完成交易。根据这一合约，卖家不可以在网上成功竞标后拒绝实际成交，也不可以收到货款不发货。如果卖家因为物品本身的原因无法完成交易（如损坏），卖家需及时与买方沟通，解释说明并提供解决方案，以获得买家的理解与谅解。虽然在这种情况下，eBay 鼓励买家与卖家进行沟通，获取新的解决方案，但买家不是一定要接受卖家的新建议。所以，卖家在刊登商品时务必熟知商品库存，在收到款项后及时发货。

2. 卖家自我抬价

"自我抬价"是指人为抬高物品价格，以提高物品价格或增大需求为目的的出价行为，或者是能够获得一般大众无法获得的卖家物品信息的个人的出价。也就是卖家在竞拍的过程中，通过注册或操纵其他用户名虚假出价，或者是由卖家本人或与卖家有关联的人所进行，从而达到将价格抬高的目的。自我抬价以不公平的手段来提高物品价格，会造成买家不信任出价系统，为 eBay 全球网络交易带来负面的影响。此外，这种行为在全球很多地方都是被法律所禁止的，为确保 eBay 全球交易的公平公正，eBay 禁止抬价。

Wish 规定所有订单必须在 5 天内履行完成，一个订单在 5 天内未履行完成，它将被退款并且相关的产品将被下架。如果商户因未在 5 天内处理订单而造成退款的订单数量非常高，其账户将被暂停。卖家需要注意，Wish 平台的卖家出现自动退款率非常高和履行率非常低的情况，其账户将被暂停。

（三）知识产权规则

各大平台都会保护第三方知识产权，并为会员提供安全的交易场所。非法使用他人的知识产权属于违法行为。

Wish 对违反知识产权的行为采取零容忍政策。严禁销售伪造产品，严禁在 Wish 上列出伪造产品。如果商户推出伪造产品进行出售，这些产品将被清除，并且其账户将面临罚款，可能还会被暂停。产品不能侵犯其他方的知识产权。产品图像和文本不得侵犯其他方的知识产权。这包括但不限于版权、商标和专利。如果商户列出的产品侵犯了其他方知识产权，这些商品将被清除，并且其账户将面临罚款，可能还会被暂停。

eBay 绝不允许任何伪造物品、赝品、复制品或未经授权的复制版本出售。未经授权的版本复制包括备份、私售、复制、盗版等均是违法的，会侵害其他人的知识产权或商标。能在 eBay 上进行刊登的含有公司名称、商标、品牌的物品必须是由本公司自行生产制造的官方正品。

eBay 限制或禁止以下物品的刊登：

①复制品、仿造品和未经授权的模仿品。

②学术软件、测试版软件、OEM 软件等相关物品。

③名人产权物品，包括肖像、照片、姓名、签名及亲笔签名。

④特定品牌的配饰、包装、保证书等其他未与该品牌产品一起出售的物品。

⑤媒体类物品，包括数字化产品、电影拷贝胶片（35mm，70mm）、盗版唱片、宣传品及可录制媒体等。

⑥私制盗版录像或录音。

⑦可制作非法复制品的设备，包括可让会员复制版权产品的软件或硬件、芯片、游戏改装设置和启动盘。

速卖通同样注重知识产权的保护，严禁用户未经授权发布、销售涉嫌侵犯第三方知识产权的商品。如果卖家发布、销售涉嫌侵犯第三方知识产权的商品，则有可能被知识产权所有人或者买家投诉，平台也会随机对商品（包含下架商品）信息进行抽查，若涉嫌侵权，则信息会被退回或删除。投诉成立或者信息被退回或删除，卖家会被扣以一定的分数，一旦分数累计达到相应节点，平台会执行处罚。

（四）评价规则

各平台为鼓励卖家提供更好的服务，激发卖家经营的积极性，均推出不同的评价机制。

eBay 采取自动五星评价政策。政策规定符合以下条件的卖家，将在某些评价项中给予自动五星：

①提供免费运送，物流费用评价项将自动五星。

②在一个工作日内发货并且上传物流追踪信息，并且在买家付款后 4 天内显示妥投，物流时间评价项将自动五星。

③在一个工作日内发货并且上传物流追踪信息，且买家与卖家之间没有任何站内信，留下信用评价前也未提出 eBay 买家保障或 PayPal 买家购物安全保障，买家沟通评价项将自动五星。

速卖通规定所有卖家全部发货的订单，在交易结束 30 天内买卖双方均可评价。如果一方给出好评，另一方在规定期限内未评，则系统不会给评价方默认评价；如果双方都未给出评价，则该订单不会有任何评价记录。

速卖通评价规则具体内容为：

①评价积分不论订单金额，都统一为：好评 +1，中评 0，差评 −1；

②相同买家在同一个自然旬内对同一个卖家只做出一个评价（自然旬即为每月 1 ~ 10 日、11 ~ 20 日、21 ~ 31 日）；

③相同买家在同一个自然旬内对同一个卖家做出的多个评价算一个，则该买家订单的评价积分计算方法为：平均评价星级 = 该买家评价星级总和 ÷ 评价个数（四舍五入）；

④卖家所得到的积分决定了卖家店铺的等级标志。

（五）用户沟通规则

买卖双方的有效沟通能够利于产品交易的顺利完成，沟通不畅则会对销售产生影响，甚至会产生纠纷。因此，各平台为规范平台秩序，对用户沟通行为和内容也做出相应规定。

eBay 的用户沟通方面严禁以下行为：

1. 使用不雅言辞

eBay 绝不允许网站的公共区域上有任何不雅或粗俗的语言出现，包括种族歧视、仇恨、色情或有淫秽含义的语言。这项政策适用于网站上会员可查阅的所有区域，包括物品页、"我的档案"页、"eBay 商店"页、讨论区、聊天室或其他任何公共区域。如果不雅言辞属于出售物品本身名称的一部分，会员可以使用星号来处理这些有争议的字眼，例如 s＊＊＊或 f＊＊＊。

如果买家给卖家的信用评价意见中含有不雅言辞，卖家可以参考"信用评价移除政策"，并依规定提出移除信用评价申请。

2. 未经允许，滥发电邮（垃圾邮件）

eBay 禁止滥发垃圾邮件。垃圾邮件是指未经要求且具广告性质的电邮。警惕假冒 eBay 的电邮和网站，eBay 绝不会在电邮中要求卖家透过邮件中的链接及功能，提供个人资料。

垃圾邮件不包括以下所列：eBay 意见调查、推广活动信息或其他电邮；非滥发性质的电邮（包括令人反感或不受欢迎的电邮）。

速卖通在用户沟通方面严禁恶意骚扰买家，包括卖家频繁或采取恶劣手段骚扰会员，影响他人正常生活或妨害他人合法权益的行为。如要求买家给好评或者因纠纷等原因谩骂买家；包括但不限于通过电话、短信、阿里旺旺、留言、邮件等方式频繁联系他人，影响他人正常生活的行为。

恶意骚扰严重行为包括但不仅仅限于以下所列：文字中出现污秽词汇、威胁、骚扰买家，以种族差异及宗教信仰不同为借口进行语言以及文化差异攻击或者多次骚扰买家，影响他人身心及正常生活。

Wish 平台严格禁止以下行为：滥用用户信息；要求用户绕过 Wish 付款；引导用户离开 Wish；要求用户提供个人信息。Wish 对卖家对买家施以辱骂性行为和语言行为采取零容忍态度。如果商户要求用户在 Wish 以外的平台付款，其账户将被暂停。如果商户指引用户离开 Wish，其账户将会被暂停。如果商户要求用户提供付款信息、电子邮箱等个人信息，其账户将被暂停。

对于跨境电商卖家来说，熟悉平台规则是开展贸易行为首先要迈出的一步。各平台为了让卖家尽快熟悉平台规则，都会开通各种资源帮助卖家加快对规则的了解。eBay 有外贸大学（eBay University：http：//communi-ty. ebay. cn/university/knowledge/policy/)，速卖通有卖家首页（http：//seller. aliexpress. com/index. html)，Wish 有知识库（Knowledge Base）和品牌大学。尽管不同的平台规则内容侧重各有不同，但对待规则的态度是统一的，即一切按规则做事。平台规则禁止的，一概不做；平台规则提倡的，努力去做。平台规则不是固定不变的，任何平台都会根据平台发展对规则进行适度调整，旨在促进平台的良性运转，为卖家提供规范有序的贸易环境，也为卖家提供更好的购物体验。此外，卖家还要注意，遵守平台规则并不意味着能在平台生存下去。在跨境电商贸易流程的开展中，首先必须遵守平台规则，之后还有账户管理、订单管理和店铺管理等重要组成部分。

三、多平台运营的核心：根据平台特点展开销售

尽管不同跨境电商平台都共有一些基本准则，但是每个平台的具体要求又各有特点，各有优缺点。跨境电商企业不要执着于单一的平台，要懂得多平台运营。因为多平台运营能够分散风险，只有坚持多平台运营才能更好地帮助企业成长。因此，企业在展开多平台运营的时候，一定在遵守平台规则的前提下，根据平台特点展开销售活动，以利用平台优势在多平台运营中获取市场竞争的优势。注册店铺是走跨境电商之路的门槛，产品刊登是运营店铺的基石，订单管理是商品交易的重要环节。

对于大多数卖家来说，首先，引流是一个很大的问题，所以采用多平台运营，借助不同平台进行相互引流也是最大化销售的一个可行的办法；其次，是风险的分散，现在平台政策更新的速度很快，执着于单一平台风险太大，抗风险能力也会不断降低；最后，不同平台的客户群体不同，品位也不尽相同，不同的产品最好放在不同的平台才能实现收益最大化。所以，在成为一个超级大卖家之前，应该选择多个平台销售。开启多平台，不仅能启发电商运营新思路，提高企业抗风险能力，而且有选择更多渠道的可能性。

注册一个平台，或是投身多平台运营，卖家往往难以抉择。当卖家真

正去考察一个平台的时候，主要考察两点：第一个是该跨境电商平台的发展历史，从平台的过去可以了解到这个平台的运作方式，了解平台之后的战略方向，继而可以了解平台规则的变化，以及之后的市场潜力；第二个是依据平台现有的数据成就，如市场占比、卖家入驻规模和收入成长情况等，以判断可否予以入驻。

四、优势资源整合：多平台运营＋自建站

开启多平台运营，除了在第三方平台进行运营之外，建设独立站也是一个不错的选择。跨境卖家采用"平台运营＋自建站"的模式或许更能够树立自己的品牌形象，实现销售最大化。第三方平台运营初期成本较低，并且有站内流量，从短期来看，平台推广对于卖家有更大的吸引力，但从长期来看，平台规则日益严苛，且迭代升级速度较快，过于依赖平台推广会让卖家的抵抗政策风险能力逐渐降低，最终沦为任平台宰割的鱼肉；相对来说，经营独立站规则更为自由，而且利用自己的独立站能够利用各种形式充分地展示自己产品独特的一面，所有的营销素材可以得到充分的利用，产品留给用户的品牌形象是平台运营所无法企及的，建设独立站还可以收集客户的交易信息，具备再营销的可能，这也是平台运营所做不到的。鉴于此，平台运营的流量再加上独立站的品牌建设才能让企业走得更远。

自建站代表优秀资源的一个走向。一个企业积攒了足够的客户，对市场有很精细的把握，完全可以自己建立一个销售平台，把自己积累的流量引到自己的销售平台上。通过利用企业自己的销售平台，企业有更大的自主权去进行产品销售。很多企业都喜欢在平台开店，在平台开店成本低，步骤简单。第三方平台正是因为汇集了大量店家，会出现产品同质化现象，中小企业容易陷入价格战。自建站与第三方平台各有利弊，但对于想长远发展的商家来说，还是选择独立站方式会比较好。

对于刚刚涉猎跨境电商领域的商家，一开始最有效的方法就是先去选择一个第三方平台，在第三方平台上开网店进行跨境销售。因为这些平台已经积累了大量的经验，有自己较为完善的规则、体系。而且这些规则是

在长期发展过程中创建、发展、成熟、完善的，它能够在保护买家利益的基础上，最大限度地保证各个商铺之间的公平竞争。对于卖家来说，加入第三方平台优势是流量免费；但是劣势也很突出，店铺做得越大，对平台的依赖性就越大，战略隐患可能随时出现，甚至因为客服的疏忽而造成的小错误，第三方平台就能强制关店。

对于自建站的企业来说，可以不受第三方平台的制约，而它最重要的任务是做产品和推广品牌，让用户认识并信任你的品牌，这样来提高转化率。对于自建站模式来说，营销推广、吸引流量成为订单成交的至关重要的一步。

商家也可以在不违背第三方平台规则的情况下使用一种综合的方法，将第三方平台与自建站相结合，可以将第三方平台的流量引流到自建站，是一种两全其美的方法，但是很多第三方平台对站外链接有非常严格的限定。所以这种方法必须要在不违背第三方平台规则的情况下才可以使用。

第三方平台与自建站的比较，见表4-3。

表4-3　第三方平台与自建站的比较

		第三方平台	自建站
入门和运营	优点	简单快捷。按照平台规则注册、提交信息、上传产品，即可开店进行销售	拥有更高的自由度，能够根据公司情况和产品特点制定适合本公司的政策和销售方法
	缺点	必须严格遵守第三方平台规则政策。如平台政策收紧，中小商户发展会受到影响	建站初期设计大量技术和运营细节。建站后，需要进行推广、SEO优化、数据分析等全方位运营工作
流量来源	优点	拥有巨大的流量	依靠平台引流和老客户引流，一开始无法达到大流量。需要一定时间的原始积累
	缺点	平台流量不是完全免费，设有准入门槛和收费要求。流量不稳定，多为一次性流量	经过原始积累阶段后的流量稳定，具有极大的变现价值

续表

		第三方平台	自建站
效果对比	优点	短期能见到显著效果	长期效果显著 更好地展示本公司产品，更有竞争力。转化率高。信息提供和商务功能更完备 卖家和企业关系密切，更容易把握客户黏度
	缺点	汇聚大量卖家，同质化产品非常严重，有些商户虚报产品，甚至产生直接的价格战	短期效果不明显
政策影响		为了对用户进行监管，平台政策会日趋严格，在费用等方面准入门槛增高。对中小企业资金周转等造成冲击，导致抗风险能力变弱	突破规则，有更多权限 战略调整相对灵活，各大平台有政策变化，自有网站则不会受到影响，能够快速调整，还可以通过邮件通知等方式把老顾客引流到自建站上
资源积累		需要花费大量精力去吸引顾客，且数据被平台所掌握	独自拥有所有数据资源。自建站可以对访客的信息进行记录，或者留下联系方式，这样，所有对产品感兴趣的客户或潜在客户都会被保留下来，增加二次销售的机会。自建站所有的运营方式和营销都是自己来控制，各类客户信息容易整理并形成自己的一套数据库，为后期社交媒体、邮件、信息等推广带来相当多的便利

企业做自建站的时候，一定要配套使用 ERP 系统。ERP 的英文全称是 Enterprise Resource Planning（企业资源规划）。它是建立在信息技术基础上，以系统化的管理思想为企业决策层及员工提供决策运行手段的管理平台。ERP 具有提高公司运作效率，帮助公司进行多店铺运营，快速有效处理财务报表，及时管控库存的能力和优势。跨境电商 ERP 把跨境各平台的

订单数据抓取下来，订单信息（产品信息、属性、买家数据、反馈评价等数据）是很丰富的，所以选择 ERP 平台一定要选择专业的、有实力、中性身份（最好不具备贸易商属性）的品牌软件商。同时 ERP 日积月累收集了很多订单数据，这些历史数据数量非常大，也是十分有价值和意义的，它可以分析往期销量和很多维度的指标，公司后期如果融资上市，需要各项数据，这一指标的审核是核心要素。所以软件商为用户、商户保留历史数据也会是一个很大的加分项。因此，做自建站的企业一定和高效的 ERP 系统配套使用，才能更好地发挥自建站的优势，增加企业竞争优势。

跨境电商的发展，不仅让中国制造走向了全世界，更重要的是把中国的文化，通过每一位卖家每天的工作传播出去。eBay、速卖通和 Wish 作为集商品展示、客户下单、在线支付、跨境物流等多功能于一体的跨境电商平台，可以实现小批量、多批次快速销售，拓展利润空间。多平台运营并不意味着同时在多个平台上展开销售，而是要根据公司产品的特点和属性，有顺序分主次地在不同平台上进行产品销售。亚马逊平台适合品牌产品的销售，Wish 平台适合小件潮流单品的销售，速卖通平台目前非常青睐优质品牌产品，电商企业需根据不同的品牌特点，对企业产品先进行优势整合，利用不同平台的资源优势，最大限度地发挥平台在产品推广、物流配送等方面的服务，拓展企业产品的销售渠道。

第二节　产品篇：跨境电商环境下品牌先行

2009 年，中国的货物出口贸易超过了德国，成为世界第一出口贸易大国。2013 年，中国已经超过美国成为世界第一大货物贸易国。而近几年来随着新型贸易出口方式即跨境电商的发展，中国跨境电商出口贸易增速惊人：原有的传统出口外贸年均增长不到 10%，跨境电商的增长速度却持续保持在 30% 以上。中国进出口贸易又有了新的增长点和发展机遇，中国、美国并驾齐驱共同成为全球跨境电商中心。

在国际市场上，众多劳动力、低廉的成本和丰富的资源让中国具备制造大国的天然优势，曾有"世界工厂"的称号。但是，这只能说明中国已经成为一个贸易大国，而不能说明中国是一个贸易强国。中国海关数据显示，中国出口的货物在跨境电商发展的初期，很多外贸企业通过廉价的模式快速吸引海外客户，并且在短期内迅速打开了海外市场。甚至很多卖家薄利多销，靠量取胜，通过上万的 SKU 和多账号、多平台经营，增加商品曝光率，借此获得利润。许多中小企业依然还在重复这一路径，似乎这样的模式更立竿见影符合实际。在《山东省出口跨境电商企业研究报告》中，被调查的 184 家企业中，仅有 30 家企业在境外注册过自主品牌，其他的 154 家企业均没有注册过境外品牌，可见企业的品牌意识还很薄弱。因此，中国的企业，需要对产品进行深耕细作，要具备品牌意识，而不是简单地以低价取胜，只有这样才能搭上跨境电商这趟快车，在时代的道路上风驰电掣。

中国要向贸易强国迈进，提高出口产品的技术含量和品牌水平势在必行。尽管中国已经涌现出海尔、华为、格力、联想等世界知名品牌，但依然有大量的企业在艰难地进行品牌国际化。在传统的贸易方式下，中国的企业多处于贸易链的末端，生产 OEM 或 ODM 的贴牌产品，对价格没有话语权，再加上销售渠道被外国客户垄断，中国企业产品品牌化之路任务艰巨。但是，跨境电商的发展，给中国企业的品牌化建设打开了新的大门，为企业品牌化提升带来了绝佳的机会。借助跨境电商平台，企业完全可以打造自己的产品品牌，并对自己的品牌进行营销和推广。一个没有品牌的产品终究会陷入跟卖的泥潭，唯有打造自己的品牌才是跨境电商制胜的王道。

在跨境电商业务中，产品无疑是重中之重。优质的品牌、持续创新的产品才具备长久的竞争能力，能够在同类产品中脱颖而出，能够保证企业在市场竞争中长期处于优势地位。跨境电商的核心是产品，通过优质产品传播品牌。产品即品牌，品牌即产品。品牌的核心就是提高客户重复购买率，降低营销推广投入。所以，一个企业想要在国际市场立足，首先要考虑的就是做产品，要对自己的产品线进行深耕细作，要塑造并推广自己的品牌。在复杂、瞬息万变的国际市场环境下，只有以产品制胜，企业才能具备一定的抗风险能力，具备和同类品牌竞争的有利地位。

2016 年 4 月，速卖通推出新政，官方宣布平台全面实施商品的商标化，部分类目不允许无商标的产品存在，该部分类目的商家在 6 月 30 日后将不能继续发布无商标产品。速卖通称未来速卖通平台结构为：企业卖家＋品牌化商品。速卖通平台的这项新规表明平台全面开展品牌化战略。面对平台的调整，企业要顺势而动，全面开展产品的品牌化之路。

做品牌需要以更高的标准和更严格的要求提升产品品质和客户服务水平，是平台顺应跨境电商发展趋势，通过品牌化提升客户购物体验所采取的有力措施。品牌建设重要性不言而喻，跨境电商平台都鼓励商家销售自有品牌产品，企业做品牌势在必行。品牌建设和品牌推广，不仅仅是平台的要求，也是海外市场的需求和企业自我价值传播的需要。

一、跨境电商做产品：选品＋Listing 打造＋产品创新

企业布局跨境电商领域时，首先需要选择好的产品。制造商可以利用自己的人际资源，选择已有的产品链，两个及两个人以上的小团队则需要充分考虑如何选择产品。跨境电商企业对产品进行深耕要从以下三个主要方面，即选品、Listing 打造和产品创新入手。

（一）站内站外精挑细选

企业选择产品时，要预先对产品的价格区间有大体限制，最好限制在 50～500 美元之间。在选择产品的价格时，企业可以采用一些选品技巧。

单品价格不宜过低，初级选品的原始理念为：选利润率高的产品、热销的产品、方便运输和包装的产品、非普遍性、可定制的产品、自己熟悉或喜欢的产品或者时尚潮流产品。由于国际运费昂贵，因此企业在选择产品时，选择方便运输和包装的产品，以降低运输成本和经营风险。此外，产品还要不易磨损，避免退换货的麻烦。由于运输而造成的产品破损问题，企业不仅要承担退换货的运费，还要分配专门的人员去解决纠纷，安抚消费者的情绪，会耗费大量的人力、物力和财力。

高级选品的方法有以下几种：跨境电商平台调查的选品工具、SE 调查（如 Google Trends）、海关数据分析、第三方机构报告、企业管理层对国际

事件和商业热点的洞察力。

速卖通的数据纵横作为跨境电商平台的选品工具，它为企业提供了选品所需要的必备数据，如行业情报、搜索词分析、选品专家、成交分析、商品分析和实时风暴。运用数据纵横，企业能够洞悉速卖通平台上的产品信息和趋势。

但是平台所提供的选品工具同样具有很大的局限性，它仅仅提供本平台的数据，而不是全球数据。因此，成熟的企业还会运用 SE 工具来进行数据分析，掌握全球的同类产品信息，更精确地获取与本企业产品有关的全球数据，以便于开拓市场，抓住商机。谷歌趋势（Google Trends）作为一个专业搜索引擎，它能够提供某一产品在世界范围的总体趋势、热度规律，同时还能提供竞争品牌的比较分析。Google trends 在全球的覆盖率很高，能够反映全球市场对产品、技术和某些关键元素的搜索，显示全球人们正在搜索的热点，没有任何一个线下搜索工具或第三方调研机构能够做到像 Google trends 这样精准。企业也可以在 Google trends 上通过输入产品的关键词，通过数据走势分析近年来该产品在全球搜索趋势。如果 Google trends 显示该产品整体搜索趋势是上升的，该产品搜索频率不断上升，说明该产品所在产业是朝阳产业。如果该产品或某项技术的关键词在全球搜索频率降低，这说明该产品已经没有很高的市场需求。

其他的 SE 工具还包括 keywordspy、AMZ Tracker、Junglesout、Merchantwords、Terapeak 等。这些工具照样可以非常有效地帮助企业进行选品。以某个工具为主，其他互相补充，多面印证市场决策正确性，有利于企业进行关键词精准化，以及产品比较和研发。

（二）深思熟虑打造 Listing

一个优质的 Listing 能够展示商品的核心内容，给顾客传递足够的信息，是产品转化为订单的一个重要步骤。所以企业需要精心去做 Listing。为了提升平台质量，任何一个跨境电商平台，对 Listing 都有明确的要求，以保证产品信息传递的速度和质量。能不能把产品转化为订单，Listing 很重要。企业要面向不同产品市场，会有不同文化和语言的买家浏览 Listing，因此做 Listing 时，企业要考虑很多方面。高清晰细节到位的图片，包括背景、水印、产品部分占比大小和像素大小；技术与内容并重的内文，标题要具有很强的表达功能且易于被搜索，优势特色凸显且言简意赅的要点和说服力强、细致周到的产品详情描述。此外，企业还要尽量夸大评论，只有 15% 的卖家在购买产品后会反馈，因此要善于利用技巧提高产品回复率。

速卖通平台 Listing 的标题的制作：

①挖掘出产品本身属性词，再去系统后台寻找买家搜索词。

②标题最长可输入 128 个字符。

③标题中同个单词只能用一次。

④标题中不能出现和实际产品属性无关的词。

⑤多放热搜属性词。

⑥品类词尽量放在靠后的位置，最重要的关键词放在品类词前。

⑦标题语法尽量简单。

⑧标题尽量不用符号分隔。

⑨将准备好的关键词组合起来就是标题。

速卖通的产品管理中，已经可以针对俄语、葡语、西班牙语、印度尼西亚语进行单独的标题优化，相比英文标题，多语言标题可以放入更多的词汇，方便商家做优化。可以先通过简单的两种方法挖掘关键词，再用词汇来优化标题。

（三）精益求精进行产品创新

全球市场的竞争已经进入了品牌化、高科技、低成本的激烈竞争阶段。跨境电商领域的产品竞争非常激烈，"蓝海"转化成"红海"的速度加快。产品创新成为占领市场制高点，促进企业持续稳定健康发展和推进的重要步骤。企业需要依据市场、科技和行业标准的更新，不断推出新一代性能更好的产品和服务，挖掘市场，形成新的市场增长点，充分发挥市场领跑作用，而不是跟风。打造和展示市场竞争的优势和亮点，给客户信任和合作的充分理由。

做跨境电商的企业要想站在行业巅峰，就需要做到产品创新、工艺创新、市场创新，甚至进行管理创新。跨境电商企业需要注意对热点事件跟踪，这非常重要，选品在 80% 的程度上决定着市场成败。企业一定要保持对产品创新的热情，重视技术更新，紧跟行业热点事件和潮流时尚。

1998 年，麦当劳餐厅为庆祝电影《花木兰》上映，发售过一款四川辣酱（Szechuan sauce），又名"木兰酱"。此后不久，它很快退出了菜单。但是，由于它妙不可言的味道，导致它并未就此被淡忘，反而变成了一个传奇，永远活在了美国吃货们的回忆里：辣酱同款手机壳、T 恤层出不穷，甚至还有人在网上签名请愿，要求此款辣酱回归。在最近热播的美国动画片《瑞克和莫蒂》中，主角瑞克对于四川辣酱的"魂牵梦萦"，使得粉丝们也开始纷纷"为酱疯狂"。有一些家里还留存着以前剩下的四川辣酱的人，已经准备趁机发一笔大财，在 eBay 网站上把它拍出了 7 万美元的天价❶。

二、用国际化视野打造自有品牌

跨境电商背景下，品牌首先是网络品牌，然后是辐射线下品牌。一些企业，对品牌认识不够。品牌资源和品牌价值竞争是企业决胜的核心，企业要想获得长远发展，一定要建设自己的品牌。

建立自己的跨境电商品牌有以下六个步骤：①建立品牌名称（英文品牌）；②注册目的国品牌；③品牌视觉识别 VI 设计；④品牌受众精准定位；⑤品牌的核心诉求；⑥品牌的有效传播。目前有非常多的海外商标代理机构，可以提供迅速便捷的商标注册服务。全球速卖通也为平台商品的品牌化专门开拓了商标注册"创新宝"，给平台卖家提供一站式国内、国外商标注册指导服务。

（一）建立品牌英文名称

跨境电商市场在海外，受众是海外消费者，因此，品牌名称要以目标市场的接受为准则。不要仅靠自己的喜好去给产品取品牌名称。英文名称要简单易懂，能够和自己的产品有较好的关联。同时，要杜绝知识产权争议，符

---

❶　参见：http：//news. e23. cn/quwen/2017 - 10 - 10/2017A1000040. html。

合目的国风俗习惯。很多中国跨境电商企业在给产品取名时，喜欢模仿或傍名牌，这类品牌后期在电商平台存在较大的知识产权风险。符合目的国风俗习惯非常重要，在某些国家对于某些词语是禁忌的。因此，企业在做品牌名称选择时，一定要进行详细的市场调研，综合多方面的意见和建议。

（二）品牌定位

跨境电商品牌要有自己的品牌定位，品牌定位包括市场定位、价格定位、形象定位和人群定位。企业需要花时间进行深入的产品调研，包括软件数据分析、调研成功店铺案例、购买行业数据等，再结合自己的专业体验，最终给自己的产品正确定位。如果是贸易公司，产品定位完成之后，还需要精心选择供应商，并且尽可能参与到供应商的产品设计和研发过程中，从源头保证产品品质优良且具备市场竞争优势。此外，企业还要注重客户体验，根据客户的反馈，进行修改和改进产品，以便更好地迎合消费者的需求。

（三）品牌视觉识别 VI 设计

品牌的 VI（Visual Identity）即品牌视觉识别系统设计非常重要，因为好的 VI 设计会让客户在第一瞬间对产品产生深刻印象，真正记得产品。品牌的 VI 设计已经成为一门专门的学科和技术，跨境电商的 VI 设计主要包括：一整套 Logo 标识、店铺整体协调性、图片形象展示、商品描述展示、商品的包装设计。其中最重要的是商品的包装设计。特别是对欧美消费者，包装直接影响客户的购物体验。优秀的 VI 设计既能让海外客户接受，又能体现中国特点或元素。优秀的 VI 设计，能够让品牌形象立体生动地体现出来，让消费者在浏览店铺产品时，有非常直观且印象深刻的感受。此外，品牌的口号也是 VI 设计的核心环节，能够表达品牌的价值观。例如，阿里巴巴"让天下没有难做的生意"，敦煌网"买全球，卖全球"。

（四）品牌有效传播

创建自己的品牌后，如何进行有效的品牌传播非常关键，除了营销推广商品外，还要传播品牌价值，赢得客户的口碑是品牌有效传播的核心。品牌推广一般包括站内营销推广、论坛营销推广、搜索引擎推广和视频推广。此外，SNS 社交网络营销推广也非常重要。SNS 推广重点就是挖掘出产品的品牌故事，为品牌的受众创造价值，并履行品牌服务的承诺。品牌内容故事的传播可以结合文字、图片、视频、音频文件等形式。

（五）品牌本土化建设

由于跨境电商市场面临复杂的非统一市场，每个市场都要面对不同的语言、文化、流行趋势、法律法规、通关流程、仓储物流和支付结汇等多方面的困难，本土化建设是跨境电商面临的一个难题，也是企业必须接受的一个挑战。企业对目的国的品牌进行调研，了解目的国消费者对品牌的喜好。甚至可以邀请当地的设计公司一起参与品牌设计，并借助目的国的第三方服务公司对品牌进行推广。在目的国进行品牌本土化建设，可以降低服务成本，提升服务质量，改善用户体验，增加品牌亲和力，促进跨境电商品牌化的发展。

此外，为了进行品牌的本土化建设，企业可以在海外注册公司和申请海外商标，同时配套海外银行账号和 VAT（Value Added Tax）。注册在欧洲，美国具有相对优惠的贸易政策。在美国注册公司，能够覆盖整个北美地区也可兼顾南美市场。客户服务的相关业务可以考虑外包给海外的服务公司，他们能够提供高度本土化的客户服务。可以采用跨国物流和利用海外仓储，在控制费用的同时有效地提高用户体验。

做品牌需要以更高的标准和更严格的要求提升产品品质和客户服务水平，这是平台顺应跨境电商发展趋势及企业通过品牌化提升客户购物体验所采取的有力措施。品牌重要性不言而喻，跨境电商平台都鼓励商家销售自有品牌产品，企业做品牌势在必行。品牌建设和品牌推广，不仅是平台的要求，也是海外市场的需求和企业自我价值传播的需要。

第三节 营销篇：全网络整合营销

传统的海外营销侧重于销售导向，企业将产品或服务信息传播给潜在的消费者。传统的营销渠道包括 EDM（E-mail Direct Marketing）电子邮件营销、线下展会和电视广播等传统媒体。现代的海外营销则关注关系导向，

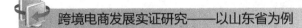

强调企业或产品与消费者的互动。现代海外营销主要包括 SEM（Search Engine Marketing）搜索引擎营销和 SNS（Social Netwerk Service）社交媒体营销。

在互联网时代，人们喜欢用搜索引擎获得信息。用户对互联网的应用，经历了查阅信息、网上冲浪和快速有效定位信息的阶段。随着互联网的进一步普及和网络技术的成熟，用户对互联网的应用也进入了一个新阶段，网络搜索已经成为继电子邮件之后互联网用户使用最多的功能。因此，搜索引擎营销（SEM）成为跨境营销中最主流的方式。通过搜索引擎营销，海外顾客能够通过搜索引擎快速找到并关注自己需求的产品和网站。

随着 Facebook、Twitter 等社交渠道的繁荣发展，企业开始进入互动式导向型营销时代。社交媒体营销（SNS）具备丰富的媒体种类、良好的传播能力、强大的用户黏性，成为跨境营销中最有效的方式。近年来，通过社交媒体营销，大量跨境电商企业获得了可观的效益。

根据《山东省跨境电商出口企业研究报告》数据显示，在被调研的企业中，49.46% 的企业每年会参加 1~2 次的线下展会，33.15% 的企业每年参加 3~5 次线下展会，60.87% 的企业通过电商平台提供的网络推广进行产品海外营销，48.91% 的企业通过 Facebook 进行海外社交媒体推广，40.22% 的企业用 Linkin 对产品进行推广。同时，59.78% 的企业每年会在网络营销上投入 1~5 万元人民币，23.91% 的企业每年投入网络营销的额度为 5 万~10 万元人民币。这说明企业的海外营销中，传统的线下营销和网络营销并行。企业已经有意识地投入财力和物力进行网络营销，包括搜索引擎营销和社交媒体营销。跨境电商要以网络营销为主，传统营销为辅，运用大数据做精准营销和整合营销。

海外营销是在产品和海外消费者之间搭建一条道路。海外营销做得好，产品能够在目的国迅速打开市场，进而实现引流和订单转化。消费者能够迅速地通过这条道路走向产品，并最终下单购买。海外营销做得不好，产品根本推销不出去，订单转化周期变长，公司长期发展受阻。科技发展日新月异、网络环境日趋成熟，跨境电商企业在做海外营销时，要做到传统营销手段和现代海外营销手段的有机结合，以达到最好的海外营销效果。

一、搜索引擎营销

搜索引擎是目前网站较为有效的推广手段之一。截至 2017 年，自然搜索结果的搜索引擎推广依旧免费。搜索引擎营销方法也已然成为网络营销方法体系中最主要的组成部分。搜索引擎营销，是英文 Search Engine Marketing 的汉译，简称 SEM。就是根据用户使用搜索引擎的方式，利用用户检索信息的机会尽可能将营销信息传递给目标用户。搜索引擎营销就是基于搜索引擎平台的网络营销，利用人们对搜索引擎的依赖和使用习惯，在人们检索信息的时候尽可能将营销信息传递给目标客户。

搜索引擎营销的基本思想是让用户发现信息，并通过搜索引擎搜索并点击进入网站或网页，进一步了解所需信息。以最小投入在搜索引擎中获得最大访问量并产生商业价值。但从实际情况来看，仅仅做到被搜索引擎收录并且在搜索结果中排名靠前还很不够，因为取得这样的效果实际上并不一定能增加用户的点击率，更不能保证将访问者转化为顾客或者潜在顾客。因此，被搜索引擎收录和在搜索结果中排名靠前，只能作为搜索引擎营销策略中两个最基本的目标。

搜索引擎营销的目的是为了目标客户的点击量，以及将其转化为有效的询盘，甚至是最后的订单。搜索引擎营销所做的就是全面有效地利用搜索引擎来进行网络推广和营销。搜索引擎营销追求最高性价比，以最小的投入，获取最大的来自搜索引擎的访问量，并产生商业价值。所以搜索引擎营销包含了从搜索引擎进入的流量到最后达成销售的所有工作。进行搜索引擎营销及在外部优化的同时，将其更好地推荐出去，将内外部的优化做好，通过搜索引擎营销将信息放到适合的位置，更容易被目标用户所关注，以达到营销的目的。每一个跨境电商卖家都希望海外顾客迅速并准确地搜索到自己的产品，因此搜索引擎优化势在必行。搜索引擎优化设计主要目标有两个层次：被搜索引擎收录和在搜索结果中排名靠前。

搜索引擎营销的主要模式大致可以分为四种：搜索引擎优化、关键词广告、搜索引擎登录和竞价排名。其中关键词广告、搜索引擎登录和竞价排名都属于付费搜索引擎。

①搜索引擎优化（Search Engine Optimization，SEO）。通过了解各类搜索引擎如何抓取互联网页面，如何进行索引以及如何确定对某一特定关键词的搜索结果排名等技术，对网页进行优化，提高在搜索结果网页的排名，从而提高网页访问量，最终提高网站的销售能力或宣传能力。搜索引擎优化不仅可以让企业网站在搜索引擎上有良好表现，而且可以让企业网站与用户沟通取得良好效果。

②关键词广告。关键词广告是指在搜索引擎中相关关键词的搜索结果页面显示广告内容，实现高级定位投放，用户可以根据需要更换关键词，相当于在不同页面轮换投放广告。在相同关键词页面，一般来说，付费高者排名靠前。一般的关键词广告与自然搜索结果是分开显示的。

③搜索引擎登录。搜索引擎登录是早期搜索引擎营销的重要内容。它是为了能够进入搜索引擎的索引库，保证站点的网页被搜索引擎搜索到而将站点或者 URL 提交给搜索引擎的一种模式。搜索引擎登录并不能保证网页在某个关键词的搜索结果中获得很好的排名，但是能使站点获得良好的可视性，更全面地展示站点内容。搜索引擎登录分为免费和付费两种，但是现在提供免费登录服务的网站比较少，从 2001 年后半年开始，国内的主要搜索引擎服务提供商陆续开始了收费登录服务。收费服务自然会影响部分网站登录的积极性，不过也为网站提高了更多专业的服务，从功能上为网络营销提供了更为广阔的发展空间，从而提高了营销的效果。

④竞价排名。竞价排名是搜索引擎营销中比重最大也是目前最常用的方式。竞价排名是指按照付费最高者排名靠前的原则，对购买了同一关键词的网站进行排名的一种方式，然后按点击率或展示次数付费。由于采取关键词点击付费，用户相对来讲比较有针对性，且周期较短，收费相对低廉（按点击收费），因而，企业自主性较强，可以既快速又经济地评估广告宣传的效果，又可以快速地进行更新或终止，这种形式受到了极大的欢迎。按广告展示次数收费，主要针对品牌性较强产品，有利于公司品牌宣传，提高品牌的知名度。

二、海外营销的趋势

虽然搜索引擎营销、社交媒体营销、电子邮件营销是主流，但跨境电商营销的方式远不止这些。对于平台卖家来说，站内引流是主要方式。对于 B2C 独立网站，SEM/SNS/EDM 等主流营销必不可少；对于第三方平台不仅有线上营销，也会尝试线下推广，例如电视/报纸广告等。然而，本书探讨的这些都只是跨境电商的营销渠道。

在全面透视跨境电商营销时，关注点应该从营销渠道转移到一些有关基础性、趋势性的方面。对于当前的跨境电商营销来说内容营销是基础、大数据营销是趋势。

（一）内容营销是基础

全网营销是一个范围问题，只需要有足够的营销预算支撑即可；精准营销是一个技术问题，只需要与营销服务机构合作即可。在跨境电商中，速卖通这样的"土豪"可以实行全网营销战略，刚成立的创业型企业可以和 Google/Facebook 等公司合作实施局部的精准营销。然而，不管是土豪企业还是创业型企业，不管是全网营销还是精准营销，在营销活动中，传递给消费者的信息内容是关键。因此，我们称内容营销是基础。

内容营销是一种"巧"营销，通过创造和传播相关性较强的内容和有价值的内容，以吸引目标人群的关注，达到品牌推广和销售促进的目的。显然，内容营销的对立面是"硬广告"。在信息爆炸的时代，硬广告不仅难以引起消费者的注意，甚至可能造成消费者的反感。内容营销传递给消费者的信息是相关的、有价值的。

内容营销无处不在：在搜索引擎营销中，搜索引擎优化和关键词竞价都与网站的内容质量高度相关，网络广告的内容也是提高点击率的关键。在社交媒体营销中，只有发布有创意的、有趣的或者有用的内容，才能吸引粉丝并留住粉丝；在电子邮件营销中，如果邮件内容仅是优惠促销信息必然引起用户退订。无论是跨境电商平台、独立站，还是平台卖家，都应该重视内容营销，做好最基础的信息内容。由于跨境电商涉及跨文化交流，因此需要组建本土化营销团队或者有当地人士参与的营销团队以保证营销内容的贴切性。内容营销是基础，只有把营销的内容做得更具吸引力，才能让有限的跨境营销预算发挥更大的作用。

（二）大数据营销是趋势

谈及营销的时候，常常提到"以客户为中心"。传统营销中，企业通过抽样统计来了解客户需求。然而，这样获得的客户需求信息是粗糙的甚至带有误导性的。今天，在云计算等技术的推动下，大数据发展日益成熟。利用大数据，企业可以获取每一个客户的信息，进行分析并预测客户行为，从而真正做到以客户为中心。

大数据营销正是基于大量的数据，依托大数据技术来进行营销活动，要实现大数据营销，企业需要满足两个条件：拥有大量数据，拥有数据处理平台。当前的跨境电商企业，通过网站平台等都能获得大量的数据。但是构建数据处理平台的软硬件投资巨大，并非一般公司所能承受。因此，跨境电商企业中，直接利用大数据营销的只是那些大型的平台企业（例如亚马逊），大部分企业仅仅是通过第三方营销服务机构间接使用大数据。

大数据营销是趋势，未来会被跨境电商企业普遍使用，原因如下：①大数据营销能让营销信息在合适的时间，通过合适的载体，以合适的方式，传递给合适的消费者，这将帮助跨境电商企业显著提升营销效果。②大数据营销将使跨境电商企业克服本土化不足的特点，让企业真正了解消费者，甚至比当地电商企业更了解消费者。③随着技术的发展，构建大数据平台的成本将下降。因此，要想成为一家优秀的跨境电商企业，一家足以跟当地电商竞争的跨境电商企业，需要积极引入大数据营销，以赢得未来愈加激烈的竞争。

内容营销专注于信息本身，它让广告变得更加有吸引力；大数据营销改变的是营销方式，它让广告变得更加精准有效。跨境电商营销的根本不在于使用什么样的营销渠道，而在于用什么样的方式来使用这些营销渠道。当前跨境电商企业要以内容营销为基础，让各营销渠道上传递的信息更能吸引消费者眼球；未来，跨境电商企业要抓住大数据营销的趋势，构建自己的大数据处理平台，达到个性化精准营销的目的。

第四节　服务篇：出口跨境电商企业物流和支付

对于跨境电商卖家来说，接到订单之后，选择什么样的物流方式将产品递送给海外客户，这是首先要考虑的问题。最完美的物流状态是费用低、通达时效短、通关率高和丢件率低。对大卖家而言，需要考虑的问题不仅仅是物流成本，还要考虑客户体验，同时还需要整合物流资源并探索新的物流形式。作为卖家，有必要对跨境物流的基本概况有一定了解。目前，卖家常用的跨境物流方式有四类：邮政包裹、商业快递（包括国际快递和国内快递）、专线物流。此外，海外仓储近几年在国内发展也非常迅猛。

一、邮政包裹

邮政网络基本覆盖全球，比其他任何物流渠道都要广泛。这主要得益于万国邮政联盟和卡哈拉邮政组织（KPG）。万国邮政联盟是联合国下设的一个关于国际邮政事务的专门机构，通过一些公约法规来改善国际邮政业务，发展邮政方面的国际合作。万国邮政联盟由于会员众多，且会员国之间邮政系统发展很不平衡，因此很难促成会员国之间的深度邮政合作。2002 年，邮政系统相对发达的 6 个国家和地区（美、日、澳、韩、中国内地和中国香港，后英国和西班牙也加入该组织）的邮政部门在美国召开邮政 CEO 峰会，并成立卡哈拉邮政组织。组织要求所有成员国的投递时限要达到 98% 的质量标准。如果货物没能在指定日期投递给收件人，负责投递的运营商要按货物价格 100% 赔付客户。这些要求促使成员国之间深化合作，努力提高服务水平。

例如，中国发往美国的邮政包裹，一般 15 天以内能够到达，eBay 上的国际 e 邮宝美国全境妥投时间甚至能达到 7～12 天。由于邮政一般为国营，有国家税收补贴，因此价格非常便宜。据不完全统计，中国出口跨境电商 70% 的包裹都是通过邮政系统投递，其中，中国邮政占据 50% 左右。

中国卖家还会使用的其他邮政有中国香港邮政、新加坡邮政等。

二、商业快递

中国目前存在的商业快递主要包括国际商业快递和国内商业快递。

（一）国际快递

国际快递主要指四大商业快递巨头：DHL、TNT、FedEx 和 UPS。2015 年 4 月 7 日，美国国际快递巨头 FedEx 与 TNT 联合宣布，FedEx 同意以每股 8 欧元收购 TNT。收购完成后的新公司将有望成为全球最大的快递公司，原来四大快递公司的格局将发生变动，集中度进一步加强。

目前，这四大国际快递商通过自建的全球网络，利用强大的 IT 系统和遍布世界各地的本地化服务，为网购中国产品的海外用户带来良好的购物体验。目前中国始发的国际快递市场中，四大国际快递巨头占据 80% 的市场份额，处于垄断地位。

国际快递巨头也看好中国市场，不断加大对中国的投资。FedEx 把亚太转运中心设在了广州，UPS 把亚太转运中心设在了深圳，DHL 把北亚枢纽转运中心设在了上海。FedEX 在上海浦东国际机场投入建设的联邦快递上海国际快件和货运中心在 2017 年竣工，它已成为联邦快递在亚太地区的重要设施之一，上海将与北美、南美、亚洲之间实现国际快件、包裹的直接运送。

四大商业快递比较，如表 4-4 所示。

表 4-4　四大国际商业快递比较

国际商业快递	DHL	TNT	FedEx	UPS
总部	德国	荷兰	美国	美国
特点	5.5kg 以下的物品发往美洲、英国的价格有优势，21kg 以上的物品有单独的大货价格	西欧国家通关速度快，发往欧洲一般 3 个工作日可到达	整体而言价格偏贵，21kg 以上物品发送到东南亚国家速度快，价格也有优势	到美国速度很快，6 ~ 21kg 物品发往美洲。英国有价格优势

（二）国内快递

国内快递主要指 EMS、顺丰和"四通一达"（申通快递、圆通速递、中通速递、百世汇通、韵达快递）。

EMS 在国内快递中，国际化业务是最完善的。它依托邮政渠道，可以直达全球 60 多个国家，费用相对四大商业快递要低，中国境内的出关能力很强，到达亚洲国家 2~3 天，到欧美国家则 5~7 天。

顺丰快递国际化业务相对成熟，目前已经开通到美国、澳大利亚、韩国、日本、新加坡、马来西亚、泰国、越南等国家的快递服务，发往亚洲国家的快件一般 2~3 天可送达。

"四通一达"中申通和圆通布局较早，但近年才拓展海外市场。美国申通 2014 年 3 月上线，圆通 2014 年 4 月与韩国通云展开合作，中通、汇通和韵达也刚刚开始启动跨境物流业务。

1. 国际 EMS

（1）时间

一般 3~7 个工作日到送达。

（2）适宜路线

东南亚和欧洲路线。

（3）优点

①运费比较便宜，一般找货代可以拿到至少 5 折的折扣。

②不计抛重，按实重计算费用。

③无燃油附加费和偏远地区收费。

④单件一般不能超过 30kg，500g 以下的物品可以按文件价格计算。

⑤基本上可以当天收货，当天操作，清关能力比较强。

⑥可运送出关的物品比较多，其他公司限制运送的物品 EMS 都能运送，如化妆品、箱、服装、鞋类以及各种礼品和特殊商品等。

（4）缺点

①相比于商业快递速度偏慢。

②查询网站信息滞后和通达的国家较少。

③价格浮动较大，不稳定。

2. 顺丰国际快递

（1）时间

一般 2 ~ 3 个工作日可送达。

（2）适宜路线

韩国、俄罗斯、美国和新加坡路线。

（3）优点

①速度较快。

②到韩国和新加坡无燃油附加费，较适宜发往以上两地的货物。

（4）缺点

①需要考虑产品体积重。

②对所运货物限制比较多。

3. 香港邮政小包（HK Post Air Mail）

（1）时间

一般 7 ~ 12 个工作日可送达。

（2）优点

①运费便宜，全球统一价，以 10g 为计量单位，一般货代标出价格在 100 ~ 130 元/10g。

②货物可以到达全球各地，只要有邮局的地方基本上都可以到达。

（3）缺点

①限制重量 2kg。

②运送时间比较长。

③许多国家的货物状态无法在网站上查询跟踪。

4. 香港邮政大包（HK Post Air Parcel）

（1）时间

一般 7 ~ 12 个工作日可送达。

（2）优点

①运费便宜，首重和续重都是 0.5kg。

②货物可以到达全球各地，只要有邮局的地方基本上都可以到达。

（3）缺点

①限制重量 30kg。

②运送时间比较长。

③到达许多国家的货物状态无法在网站上查询跟踪。

5. 海外仓（飞鸟国际）

（1）时间

一般 1~3 个工作日左右可送达。

（2）优点

①将商家的商品所在地改为英国当地，实现本地化销售，有效地提升商品浏览量及缩短派送时间。

②整合各种优势资源，一体化管理各物流环节，为卖家提供"一站式"服务，降低物流成本。

③强大的通关能力。

④货物从英国配送到其他欧洲国家时，不需要再进行二次报关。

⑤飞鸟国际的海外仓储与物流信息一站式管理，客户可实时管理库存，查询货物状态信息。

（3）缺点

由于商品是海运，按批次到达，所以容易造成库存过多，商品滞留的现象。

三、专线物流

跨境专线物流通常就是通过国际航空包舱方式运到境外，然后利用合作公司进行目的国的派送。专线物流的优势就是能够集中大批量的货物集中运输到某一特定国家或地区，通过大批量运输来降低成本。所以，专线物流价格通常会比商业快递低。在时间效率上，专线物流要慢于商业快递，通常会比邮政包裹快。

截至 2017 年，跨境电商使用的专线物流产品是美国专线、欧洲专线、澳洲专线、俄罗斯专线等，还会有一些物流公司推出了中东专线、南美专线、南非专线等。目前在中国的跨境电商业务专线物流，比较著名的有燕文物流、Equick、中环运等。专线物流往往会推出特定产品，比如中环运的"俄邮宝"和"澳邮宝"。

跨境专线物流因其包舱规模运输，降低了其航空运输成本。通过航空包舱将货物送达目的国之后，再与其合作公司进行目的地国国内的派送，是比较受欢迎的一种物流方式。

①优势：集中大批量货物发往目的地，通过规模效应降低成本，因此，价格比商业快递低，速度快于邮政小包，丢包率也比较低。

②劣势：相比邮政小包来说，运费成本还是偏高，而且在国内的揽收范围相对有限，覆盖地区有待扩大。

四、海外仓储

海外仓储服务指为卖家在销售目的地进行货物仓储、分拣、包装和派送的一站式控制和管理服务。海外仓储不仅使国内卖家与国外卖家站在了同一起点上，更将推动电子商务的长足发展，并终将开创整个物流行业的新局面。虽然国际物流已经是一个非常成熟的行业，但是基于国际物流的海外仓储行业却还只是处于起步阶段。

现在，海外仓储的发展势头强劲。不少物流服务商已经开通了海外仓服务，出口易 2005 年就开始运营在美国、英国和澳洲的仓库，4PX 推出的订单宝（海外）也志在为卖家提供英国、美国、澳大利亚等国家的海外仓储服务。各大跨境电商平台为了提升用户体验，也相继推出海外仓服务，亚马逊通过自建仓储提供 FBA 服务，eBay 联合万邑通推出 Winit 海外仓。此外，也有独立网站卖家联合物流商开发海外仓，如大龙网与 XRU 在俄罗斯联合建设海外仓，极大地提升了跨境物流时效性。

五、跨境电商支付

以外务管理的角度来看跨境电商分为进口跨境电商和出口跨境电商。进口跨境电商主要分为三类：一是一般贸易模式的跨境电商；二是保税区备货模式；三是国际邮包直接进口模式。

①一般贸易模式，主要是通过建立电商平台，在电商平台上进行购买和销售的信息交流，达成意向后取得订单，取得订单后回归到传统的贸易模式。几年前青岛新华锦就是一个专门销售纺织品的电商平台，山东省内的纺织企业，都可以在此平台发布购买及销售信息，在此平台上面达成意向后，还是回归于线下，是传统的管理模式。

②保税区备货模式是跨境电商企业进口货物到境内，境内保税区进行仓储备货，通过境内的电商平台，向终极消费者进行销售的一种模式。首先是跨境电商企业将产品运到保税区，运达保税区后，境内的跨境电商对产品进行销售，境内的终极消费者下订单，再通过保税区、物流公司，将产品直接分装成小的包裹，报关进口，最后送达到境内终极消费者手中。这种模式销售的资金是境内跨境电商卖给境内消费者，是以人民币模式买卖，赚到的是人民币，最后会把货款，直接一次性打给境外采购商，这种模式从外汇管理的角度来说，还是一种传统的贸易模式，类似于从境外进口一批货到国内，货到境内后，在国内的电商平台上进行售卖，售卖产品后续的所有行为，都是以国内贸易的形式进行，与跨境就没有相关性了，这也是一种传统的贸易模式。

③国际邮包直接进口模式，是境内消费者通过在境内境外的电商平台下单，下单购买支付，下单后，货物由国际物流直接邮寄到国内，通过国内的物流再送达到消费者手中的一种模式。这种模式的关键是会通过一个第三方支付机构，来实现关联平台，关联境外的卖家，关联境内的买家，实现最终的资金结算。

跨境电商出口也分为三类，第一类的就是海外仓储模式，第二类就是保税区备货模式，第三类是国际邮包直接出口模式。

①出口海外仓储模式就是国内的电商在境外成立关联公司，即海外仓，一般贸易形式下，产品出口到海外仓，由海外仓负责境外消费者的订单配送，且选择货到付款的支付方式，然后把货款再汇回境内，这种模式其实在外汇管理角度来看，还是传统的贸易模式，货物一次性出口，资金一次性收回，除去海外仓之外的销售，都在境外，不属于境内监管。

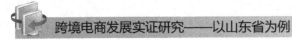

②保税区备货模式出口最大的优势是跨境电商把商品进行一般贸易报关，进入到海关特殊项目区域，企业可以及时进行报税、免（退）税。通过银行的电汇、信用政策等方式进行结算，这种归类于传统贸易模式。

③国际邮包直接出口模式，与国际邮包进口是反向的操作，在此不再赘述。此模式借助于第三方支付机构，进行资金清算。

第三方支付机构，从出口收汇业务模式的角度，梳理一下流程。首先，有提供的电商平台，电商平台是汇集了境内和境外的消费者，也有境内境外的卖家，也就是说有了买家和卖家。买家和卖家在电商平台上，会达成一个买卖的意向，通过海关的货物流，将货物跨境的资金流转，就需要第三方支付机构来做，第三方机构负责资金的清算，包括给境内的电商平台、境内的电商企业、境外的消费者拟订及签订协议，这里还包括境外消费者所关联的银行或者境外第三方支付机构，互相签约后，当电商平台收到境外消费者的买单信息和资金信息后，就会把资金信息发给境内的第三方支付机构，境内第三方支付机构就把此信息再反馈给境外的第三方支付机构或者银行，境外第三方支付机构或银行把钱打给境内的第三方支付机构，等到境外消费者确认收到满意商品后，电商平台把支付信息发给境内的第三方支付机构，境内第三方支付机构把资金打给境内的电商企业，这就完成了整个的资金流转流程。电商企业收支可以是人民币，也可以是外汇，如果是以人民币收支，可能中间涉及企业税或社会税的环节，其他没有限制。

近年来国内电子商务和支付业务迅猛发展，跨境电子商务成为我们国家对外贸易的新增长点，快捷的资金结算支持是电子商务的重要组成和必要条件。国家外汇管理局也是从支付机构的跨境业务试点着手，着力推动贸易监管和国际创新，进一步提高贸易便利化。政策出台背景首先是应对国际市场的竞争压力。其次就是跨境电子商务的便利化，传统银行对电子系统要求比较高，单笔金额小，通过第三方支付，会因其拥有用户资金，具有成本低、使用方便的独特优势。国家推行第三方支付试点业务也是为了拓宽跨境电子商务的渠道，实际就是建议第三方支付服务的地域范围扩大，着力打通跨境电子商务资金结算的最后一步。

首先是支付机构试点准入制，毕竟这是一个试点政策，所以要求有实际需求，经营合规，业务和基础条件比较成熟的支付机构才可以申请，外汇管理局批准后方可办理，否则是不可办理外汇支付。其次是必须通过银行渠道，要求支付机构在银行办理开户，包括要有自己的资金池和备份资金账户，资金池和备份金要分离。支付机构必须通过银行管理才是最规范最踏实的，这样可以有效避免私下违规行为。再次是支付机构要求具备真实贸易背景，不得虚构交易。跨境外汇支付业务，必须有正式合法的货物贸易和服务贸易背景，并不是说所有的货物贸易和服务贸易都可以通过网上支付机构清算，有些服务贸易如果没有市场公允价格是不能在此支付机构代理清算，还必须回到传统模式。

支付机构要求信息还原制，支付机构可以集中办理收付汇和结收汇，不必单笔办理，但有关信息必须还原，能够还原真实的交易，而不能总计。大额报告制度，要求支付机构在一些特定情况包括一些每个月累计超过20万美元以上都要进行报告。中国人民银行济南分行2015年第300号文件（济银发〔2015〕300号），即《中国人民银行济南分行关于完善跨境人民币业务的通知》中允许辖内各银行金融机构与支付机构合作为企业、个人提供跨境人民币结算，双方应该签订跨境电子商务人民币协议并禀报所在地人民银行分支机构进行备案。目前，金运通已经向当地人民银行跨境办进行了报备，人民币跨境结算最大的优势是没有限额限制，所以企业如果在跨境支付上有需求，可以尝试学习和了解跨境人民币业务的规定，更加方便和快捷地办理业务。总而言之，从安全角度来说，支付机构关系到国家机密和商业信息的安全，国家层面必须给予支持。只有这样我国的支付机构才能够占领市场，满足国家经济金融和信息安全的需要。

六、聚焦物流通道建设，打造跨境电商"五位一体"发展模式

本部分以威海市的物流建设为例，具体分析跨境电商的物流发展模式。2017年威海市跨境电商零售出口13.1亿元，是2016年同期的2.7倍；跨境直购进口1522万元，是2016年同期的3.4倍。威海市政府主要从四

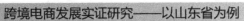

个方面进行跨境物流建设：打通跨境电商物流大通道；顺畅便捷的通关环境；"五位一体"发展模式；完善政策支持，培育外贸竞争新优势。

（一）打通跨境电商物流的大通道

威海是我国与韩国海上航线、空中航线最密集的城市。威海至仁川作为运行距离最短的中韩海运航线，夕发朝至，海上运输时间在夜间，不耽误白天正常作业，与空运的时间相当，而运费成本可节约 70% 多，"海运成本，空运速度"是威海最大的优势。

威海市有国家一类开放口岸 4 个（海港口岸 3 个、空港口岸 1 个），全市海港口岸共有国际固定班轮航线 20 条，每周 42 个航班；对韩国海上客货班轮航线 5 条，每周共 15 班，集装箱班轮航线 5 条，每周共 7 班。这些航线打造了对日韩的"黄金水道"。同时，威海市还有两条国际空中航线以及到台北的直线航班，威海机场到韩国的仁川机场，每周有 28 个航班，根据这个区位优势和航线密集立体的打造，使威海具备了物流的优势。这种优势吸引了国内 1/10 的对韩出口货物在威海集聚出口。韩国客商在广州、义乌以及温州等地采购的小商品，从威海出口，比当地出口可节省 7 天的时间。目前威海到韩国的航线平均每个航次出口能达到 80 个集装箱，一年的出口额是 40 亿美元。郑州和宁波等城市纷纷借道威海开展跨境电商保税备货的进口业务。

2015 年 7 月 22 日，威海市开通了全国唯一的一条中韩海运邮路，威海至仁川的海运邮路作为全国唯一的海运 EMS 邮路，具有航次密集、夕发朝至、口岸通关效率高的特点，与传统的海运拼箱方式相比，海运邮管局备案后，直接送达收货人，非常便利。而且出口邮件的价格仅相当于标准的 EMS 邮件价格的 1/6。2017 年海运邮路的进口业务量，从启动期的每个航次上百件逐步地增加到上千件。2017 年实现了进口 204 个航次，邮件 16.5 万件，进口额 750 万美元。海运邮路的出口业务，2016 年 4 月开始运行，每周有 6 个航次，2017 年的出口是 268 次，出口额 1200 万美元。跨境电商物流大通道建设的另一个重要工作，就是积极推动和发展国际联运物流的服务体系。2017 年 9 月 1 日，威海开通了潍坊—文登—韩国—日本冷藏集装箱的班列，利用威海独特的对日对韩区位的优势，深化与内陆城市间物流供应链的协作，构建起东北亚的冷链高速物流通道。2017年9月2日和9月15日，分别开通了文登至汉堡的中国班列和威海南到路易斯堡的中欧班列。班列的运行时间比海运缩短了10天以上，运费也比空运节省了80%，具有明显的流通时效和成本优势，班列开通不仅有助于本地企业开拓"一带一路"沿线的国家和市场，还将借助威海作为中国大陆距离韩国最近的城市，对韩国、日本开放桥头堡的优势，形成一条东连韩国、日本、西接中亚及欧洲的海铁联运的快速通道。

（二）创建顺畅便捷的通关环境

威海市主要从创新的通关监管模式，提高通关效率，以及探索口岸信用共享互认等方面入手，创建顺畅便捷的通关环境。

在创新通关监管模式方面，威海已开展的海运邮路、海运跨境电商等多种的海关监管模式下的进出口业务，具备了良好的通关环境。

在提高通关效率方面，威海市着力地做好以下四个方面的工作：

①加强通关系统信息化的建设，对跨境电商零售出口实行简化申报清单核放汇总统计，研究推行涵盖企业的备案、申报、征税、查验、放行等各个环节的全程通关无纸化作业。

②加强现场业务的指导，结合关区实际情况，优化跨境电商通关作业的流程，实行跨境电商专用通道，打造优质通关现场模式。

③威海口岸加强关、检合作，跨境电商监管中心实现关、检一机双频，联合监管，为包括中韩邮路在内的跨境电商出口和直购进口物品集中查验，快速提升了监管场所的通关效率。

④海关对跨境电商货物海运实行后装先卸，关、检部门实行渔船通关服务，只要企业有需求，全天候地提供通关、检验服务，确保每天都有航班出发。对高级信用进出口企业在优先办理通关手续、简化单证审核流程、降低货物查验率、税收担保放行等方面实行优惠，口岸通关效率提高一倍以上。

（三）打造"五位一体"的发展新模式

"五位一体"的产业布局，主要是围绕着跨境电商的发展，聚焦产业聚集区、国际自主品牌、跨境电商平台，跨境电商综合服务体系和海外仓，是一种综合的新模式。

1. 产业聚集区

创新打造集货集发、采购供货和代采代发的跨境电商出口产业聚集区的模式。

集货集发主要是服务于从事对韩跨境电商出口的中国卖家。韩国的个人以及贸易商在国内电商网站购买的商品，由威海作为国内的收货人，由威海口岸仓根据客户需求和整体货量统一安排物流发货、清关和韩国的快递公司。利用威海对韩国的区位优势、物流资源，在保证运输时效的基础上进行合理的拼箱，有效地降低了买家的成本。

采购供货模式主要服务于韩国的贸易商。由于韩国仓储人工费用比较高，威海对韩国的物流又体现了一种夕发朝至的独有优势。威海企业创新性就是根据对近期韩国市场需求的研判，提前在威海进行备货，韩国贸易商有需求的，就可以直接从威海发货，也可以提供"一站式"服务，直接运达韩国贸易商的手中，这是采购供货的模式。

代采代发，是重点服务于韩国采购商。根据韩国采购商需求，威海企业实行量身定做就是代为采购，同时将货存放至威海仓储中心。韩国买家在韩国的购物网站上下单后，生成的订单信息发送到威海仓储中心，由口岸仓库进行采购、发货、清关以及其他环节服务，直接送达韩国消费者，非常快，很有运输的时效性。

2. 国际自主品牌

从政府层面和商务部门来说，国际自主品牌的培育和拓展都是未来重点建设的工作。山东省率先开展了市级的国际品牌和进口品牌的认定工作，并且还出台了威海市重点培育的国际品牌和进口品牌。根据威海进口企业掌握的进口商品资源和销售渠道的优势，鼓励进口的企业注册境外商标，进口自主品牌的产品，培育了一批影响力突出的进口品牌。

3. 跨电商综合平台

结合威海市的跨境电商发展的特点，培育了威韩购、大韩家、懒猫购等一批业务发展较为成熟的本地第三方电商交易平台。其中，大韩家设立了线下体验中心，是首家线上线下直购的体验中心。世贸通的懒猫购物平台开设了中国馆，专门设置全韩文页面，积极拓展韩国的市场。威海市商务局一直鼓励跨境电商企业，同国际知名第三方电商平台合作。电商平台企业也积极与韩国的 Gmarket 平台、日本的乐天，以及美国的亚马逊合作，形成双向通道，同时完善供应链，有力地带动了跨境电商全产业链的发展。

4. 综合服务体系

截至 2017 年，威海市已经形成了由外贸综合服务企业、跨境电商综合服务、跨境电商物流服务供应商和跨境电商协会带领的全方位综合服务体系。2017 年全年，外贸综合服务企业进出口累计达 36.5 亿元，拉动进出口增长 2.2%。

威海的物流企业，打造了中日韩跨境电商海空联运，海陆海联运的供应链体系，充分利用了仁川空港港口资源的各种优势，拓展对日跨境电商业务。通过韩国拓展日本业务，打造中日韩海陆海联运体系。货物由日本福冈海外仓发出，通过滚装快船 6 小时到达韩国釜山，经陆运从釜山至仁川，当天在仁川二次装船，回到威海，全程 30 个小时，实现了由日本海外仓直发威海监管中心的畅通物流高速通道。威海的万通物流，拓展了中日韩海空联运体系。其基本流程为出口货物在威海聚集，由威海空港通通过韩国航空公司空运，或转道仁川机场，再由仁川通过空运运达东京成田机场，这两个通路和物流体系，都是通过企业自主研发的跨境电商公共服务平台系统实现的，都能实现每一票订单全流程信息查询，系统信息的真实性、完整性，得到了日本海关的认可。企业的系统数据已经与日本海关的数据完成了对接。由威海出口至日本的跨境电商商品，可享受日本海关更高的免税额度，压缩企业的成本，增强了产品的竞争力。

5. 海外仓

威海的跨境电商共有海外公共仓 12 个，其中韩国 8 个、日本 3 个、美国 1 个。6 个海外仓是省级行业商户，仓储面积约 3 万平方米。2017 年营业额达到 5000 万美元，其中威海蓝创进出口有限公司充分发挥省级外贸综合服务企业的优势，依托在韩国仁川投资设立的中国海运集团总公司海外仓，切实抓住中欧班列的机遇，聘请专业团队量身打造中海仁川仓储管理 ERP 系统，积极为国内外企业开拓国外市场。威海蓝创目前服务的企业有 100 家左右，国内企业约 30 家。

（四）完善政策，培育外贸竞争新优势

威海市"五位一体"模式一直在发展和探索中。政府也在不断完善政策，培育并搭建外贸竞争新平台。威海市在政策层面主要做了四方面工作：完善《关于促进外贸稳定增长加快培育竞争新优势的若干政策措施》，制定《威海市加快培育外贸竞争新优势实施意见》，制定《威海市支持铁路物流多式联运中心建设意见》，制定《威海市外贸新业态主体认定办法》。希望通过这些政策的制定和完善进一步推动创新发展模式的健康发展，进一步建设好中日韩跨境电商高速通道，服务于全省跨境电商行业，加快外贸新旧动能转换，保持外贸的稳定增长。

第五章　山东省出口跨境电商外围生态圈：国家政策

　　跨境电商未来的竞争，不是企业之间的竞争，也不是平台之间的竞争，而是生态圈之间的竞争。自 2004 年始，国家为了营造一个良好的电商发展环境，促进行业规范运行，陆续出台了几十项电商发展政策，从 2004—2007 年政策起步期的规范电商行业，到 2008—2012 年政策发展期的支持和引导电商企业，再到 2013—2014 年政策爆发期的电商企业数量不断增加，我国电子商务迎来了高速发展的大好时机，跨境电商也在各种利好政策下发展壮大。进入 2015 年，在商务部的对外贸易发展环境分析中，明确提到积极推进跨境电子商务发展，完善相应支持政策。跨境电商政策支持力度不断加大，"利好"政策全面铺开，多方面全方位地促进电商包括跨境电商发展。2016 年，进口跨境电商税收新政实施，跨境电商治理模式更加趋于规范。跨境电商行业的快速发展，离不开中央及各地政府的高度重视。在中央及各地政府大力推动的同时，跨境电商行业规范和优惠政策也相继出台，在规范跨境电商行业市场的同时，也保障了跨境电商业务顺利开展。

　　自 2012 年到 2015 年 1 月，国务院办公厅、商务部、发改委、海关总署、质检总局、国家外汇管理局及税务总局共出台 14 份相关政策文件，鼓励和规范跨境电商行业的发展。自 2013 年以来，我国加大了对跨境电子商务的扶持力度，跨境电子商务的发展日新月异，目前我国已经和美国同样成为电子商务发展大国、强国。这和国家政策的支持密切相关。最具有里程碑式的意义是 2013 年 8 月推出的《关于实施支持跨境电子商务零售出口有关政策的意见》。该意见从国家层面明确了对跨境电商的政策支持，提出了 6 项具体措施解决在海关、检验检疫、税务和收付汇等方面存在的问题，并且此次政策的扶持重点在 B2C 跨境模式，关键目的在于更好地服务于 B2C 跨境电商企业。2013—2015 年国家出台的跨境电商政策如表 5 - 1 所示。

表 5 - 1　2013—2015 年国家出台的跨境电商政策

发布时间	法律法规	主要内容	发文单位
2013.2	《支付机构跨境电子商务外汇支付业务试点指导意见》	支持跨境电子商务支付业务的发展，规范支付机构跨境互联网支付业务，防范互联网渠道外支付风险	国家外汇管理局
2013.8	《关于实施支持跨境电子商务零售出口有关政策的意见》	建立电子商务出口新兴海关监管模式并进行专项统计，支持电子商务出口企业正常收结汇	国务院办公厅
2013.11	《质检总局关于支持跨境电子商务零售出口的指导意见》	建立电子商务出口企业及其产品备案管理制度；通过跨境电子商务平台掌握电子订单、电子运单等信息，跟踪交易关键流程；对电子商务出口产品以检疫监管为主等 6 条	质检总局
2013.12	《关于跨境电子商务零售出口税收政策的通知》	自 2014 年 1 月 1 日起，对符合条件的跨境电子商务零售出口企业执行增值税、消费退税和免税政策	财政部税务总局
2014.1	《关于增列海关监管方式代码的公告》	自 2014 年 2 月 10 日起，增列"9610""跨境贸易电子商务"监管代码，适用于采用"清单核放、汇总申报"模式办理通关手续的电子商务零售进出口商品	海关总署
2014.3	《关于跨境贸易电子商务服务试点网购保税进口模式有关问题的通知》	通过海关特殊监管区或保税监管场所跨境进口的符合四限要求的进口物品执行行邮税	海关总署

续表

发布时间	法律法规	主要内容	发文单位
2014.3	《外贸综合服务企业出口货物退（免）税有关问题的公告》	自2014年4月1日起，外贸综合服务企业以自营方式出口国内生产企业与境外单位或个人签约的出口货物，可由外贸综合服务企业申报退（免）税	税务总局
2014.5	《质检总局关于支持跨境电子商务发展的意见》（征求意见稿）	跨境电商进口备货按一般贸易管理	质检总局
2014.7	《关于增列海关监管方式代码的公告》	增列海关监管方式代码"1210"，全称"保税跨境贸易电子商务"	海关总署
2015.1	《关于开展支付机构跨境外汇支付业务试点的通知》	在全国范围内开展支付机构跨境外汇支付业务试点。将在全国范围内开展部分支付机构跨境外汇支付业务试点，并允许支付机构为跨境电子商务交易双方提供外汇资金收付及结、收汇服务。网络购物单笔交易限额由等值1万美元提高至5万美元	国家外汇管理局
2015.5	《海关总署关于调整跨境贸易电子商务监管海关作业时间和通关时限要求有关事宜的通知》	自2015年5月15日起，要求各地海关保持365天×24小时的作业时间。目的是加快互联网与流通产业的深度融合，推动流通产业转型升级，创新服务民生方式，释放消费潜力。将培育200个电子商务进农村综合示范县、创建60个国家级电子商务示范基地、培育150家国家级电子商务示范企业、推动建设100个电子商务海外仓、指导地方建设50个电子商务人才培训基地	海关总署

续表

发布时间	法律法规	主要内容	发文单位
2015.6	《关于促进跨境电子商务健康快速发展的指导意见》	提出了五个方面的支持措施，包括优化海关监管措施、完善检验检疫监管政策措施、规范进出口税收政策、完善电子商务支付结算管理、提供财政金融支持等	国务院办公厅
2015.9	《关于加强跨境电子商务网购保税进口监管工作的函》	规定了进口保税业务只能在保税备货试点城市进行，该政策对跨境进口电商市场进行了规范，规避了部分灰色通道进口。政策颁布之初，有不少物流企业、跨境进口电商平台对此表现担忧，但截至2017年，并没有发现该政策造成的负面影响	海关总署
2015.11	《关于发布跨境电子商务经营主体和商品备案管理工作规范的公告》	明确要求跨境电商企业在商品首次上架销售前，向检验检疫机构提供备案信息。规范于2016年1月1日起正式实施	质检总局

上述文件放开了对电子商务、商贸物流等领域的外资准入限制，肯定了海淘正规合法，解决了为跨境电子商务交易双方提供外汇资金收付及结、收汇服务的问题，支持建立电子商务出口检验监管模式和实施适应电子商务出口的税收政策，提高了单笔业务限额（网络购物单笔交易限额由等值1万美元提高至5万美元），规范了试点流程，风险管理更加严格，为电子商务包括跨境电商的发展提供了政策支持。

与此同时，中国电子商务行业一直是资本市场投资热点领域，近年来跨境电商逐渐受资本市场青睐。从跨境电商来看，多家跨境电商如阿里巴巴、敦煌网、兰亭集势、大龙网等先后获得金额不等的投资，基于国家政策支持，跨境电商成为电商领域融资的一大亮点。2015年中国跨境电商的资本运作频繁，是中国跨境电商融"资"年，众多初创和处于起步阶段的电商平台和公司获得融资。据中国跨境电商网数据显示，2015年在进口方向上，除宝宝树由聚美优品领投 2.5 亿美元外，百度 1.5 亿美金投资蜜芽，小红书 6 月获 B 轮融资，洋码头 9 月完成 1 亿美元融资，波罗蜜获 8000 万美元融资。此外，2015 年 8 月上线的日淘"豌豆公主"，于 2016 年 2 月宣布已完成首轮千万美金的融资。

第一节　跨境电商检验检疫监管政策

跨境电商作为一种新兴业态，在很多城市已经形成一个比较成熟的模式。检验检疫机构作为监管部门，对于这种新兴业态的监管也处在一个不断摸索、不断探索的过程，是不断学习、不断了解新业态的新特点的过程。在把好质量关、把好国门安全的前提下，让新的业态能够更加顺畅、更加健康地发展。为了在新兴业态发展过程中起到一个良好的监管作用，从质检总局到各直属局，经过几年的发展，形成了一套相对成熟的监管流程和监管模式。2018 年 1 月 1 日起，青岛综试区开始享受过渡期的政策，对于质监部门来说是一个全新的机会，监管部门需要利用这个机会来不断地完善、不断磨合。

一、跨境电商检验检疫政策要求

检验检疫部门在与很多园区的企业进行交流沟通过程中，发现企业对于检验检疫在跨境电商的发展过程中存在的必要性存在疑义。诚然，跨境电商的门能不能打开由海关来决定，而跨境电商的门能开多大，需要检验检疫在其中发挥作用，即跨境电商的产品质量包括一些风险由检验检疫部门发挥监控作用。我国现行的一些法律法规对于检验检疫进口商品包括个人物品有一些规定，检验检疫机关的职责是保障国门安全的需要，但同时也是保障消费者权益的需要。

我国出台的主要的检验检疫方面的法律法规，像《进出口商品检验法》《食品安全法》《动植物检疫法》等都对入境的商品做出了一些非常明确的规定。其中，《中华人民共和国进出口商品检验法》第五条规定："列入目录的进出口商品，由商检机构实施检验。前款规定的进口商品未

经检验的，不准销售、使用；前款规定的出口商品未经检验合格的，不准出口"。《中华人民共和国食品安全法》第九十二条也规定："进口的食品、食品添加剂、食品相关产品应当符合我国食品安全国家标准。进口的食品、食品添加剂应当经出入境检验检疫机构依照进出口商品检验相关法律、行政法规的规定检验合格。进口的食品、食品添加剂应当按照国家出入境检验检疫部门的要求随附合格证明材料。"

随着国际贸易的发展，商品安全风险越来越值得关注，跨境电商检验检疫监管非常必要。国际贸易、旅游和交通的飞速发展，为外来有害生物的入侵、传播与扩散创造了条件，外来有害生物入侵的危险性日益增加。国际自然保护联盟公布的全球 100 种最具威胁的外来入侵物种中，入侵中国的就有 50 种。我国成为遭受外来生物入侵最严重的国家之一，每年经济损失超过 2000 亿元。包括在一些邮件、包裹、携带物当中，经常会截获一些种子、宠物、活动物，对国家的生物物种影响巨大。有一些外来入侵物种已经颇具规模，甚至影响了粮食种植和林业生态。2017 年"央视 3·15晚会"，对跨境电商商品抽查中发现日本核污染地区生产的食品进入中国市场。各类媒体包括网络对于电商商品消费者的投诉也是逐年增加，且呈成倍增加趋势。据《国际商报》统计，上海消费者对跨境电商投诉多达1059 件，数量同比增加 368.6%。据新华网统计，跨境电商屡遭投诉，假货成顽疾，消费者维权取证难。所以电商商品的质量安全尤其在检验检疫方面，存在相当高的风险。

鉴于此，为了支持并规范跨境电商的发展，认真履行检验检疫的职能，把好质量关，把好国门安全关，质检总局从 2015 年起陆续对跨境电商出台了一系列的管理要求。《质检总局关于进一步发挥检验检疫职能作用促进跨境电子商务发展的意见》和《质检总局关于加强跨境电子商务进出口消费品检验监管工作的指导意见》是最早出台的两个政策，当时因为整个跨境电商业态的发展还不成熟，所以没有形成一个公告或者正式的文件，只是比较宏观的指导性意见。2015 年，质检总局发布了电商经营主体和商品备案管理工作规范的公告，即《质检总局关于发布〈跨境电子商务经营主体和商品备案管理工作规范〉的公告》（质检总局〔2016〕137

号），对于双备案进行了明确规定。2017 年对于数据接入又进行了规范，发布了《质检总局关于跨境电商零售进出口检验检疫信息化管理系统数据接入规范的公告》（质检总局〔2017〕42 号）。2017 年 12 月山东省检验检疫局结合青岛综试区可以享受过渡期政策，对山东区域的跨境电子商务检验检疫监督管理办法又进行了修订，对相关管理要求进行了细化，这些主要的文件都可以在质检总局的网站或者山东省商务厅的网站上查询。

2015 年 5 月质检总局发布《关于进一步发挥检验检疫职能促进跨境电子商务发展的意见》，该意见在建立跨境电子商务清单管理制度、构建跨境电子商务风险监控和质量追溯体系、创新跨境电子商务检验检疫监管模式、实施跨境电子商务备案管理、加强跨境电子商务信息化建设五大方面提出了初步的指导意见。

2015 年 6 月，质检总局针对进出口消费品下发检验监管工作的意见，主要内容为：建立跨境电子商务进出口消费品监管新模式、建立跨境电子商务消费品质量安全风险监测机制、建立跨境电商消费品质量安全追溯机制、明确跨境电商企业的质量安全主体责任、建立跨境电商领域打击假冒伪劣工作机制。该意见在 2015 年 5 月政策的基础上针对进出口消费品的监督，突出了电商企业的质量主体责任及在跨境电商领域打击假冒伪劣工作机制这两项要求。

2015 年 11 月质检总局发布《电商经营主体和商品备案管理工作规范》，该规范规定：跨境电子商务经营主体开展跨境电子商务业务的，应当向检验检疫机构提供经营主体备案信息；跨境电子商务商品经营企业在商品首次商家销售前，应向检验检疫机构提供商品备案信息；跨境电子商务经营主体应通过信息平台向检验检疫机构备案信息；跨境电子商务经营主体和商品备案信息实施一地备案、全国共享管理。其中对于跨境电商经营主体如何开展主体备案和跨境电商经营企业如何开展商品备案做了明确规定。2017 年 6 月，针对跨境电商这种灵活的贸易方式，以及信息化在整个跨境电商发展中的重要作用，质检总局公布了《质检总局关于跨境电商零售进出口检验检疫信息化管理系统数据接入规范的公告》，公开了质检总局跨境电商系统经营主体（企业）对接报文标准。从数据接入规范方面，向跨境电商企业及第三方平台公布数据标准，便于相关单位和检验检疫机构进行信息化系统对接，以提高跨境电商申报、备案工作的便捷性。

2017 年的 12 月，山东省检验检疫局下发《山东省检验检疫局关于印发〈跨境电子商务检验检疫监督管理办法〉的通知》，对企业和商品备案检验检疫监督管理、检验检疫监管设施建设等进行了细化规定。文件下发至山东省各地市商务局，同时也下发给相关分支机构。该政策文件中包含了质检总局对跨境电商的管理思路和指导意见，以及直属局层面对跨境电商发展的一些具体管理要求。

二、跨境电商检验检疫监管模式

跨境电商检验检疫的监管思路是顺应新业态、新要求，按照加快发展与完善管理相结合，有效监管与便利进出相结合的原则，强化跨境电商进出口企业的质量安全责任、第三方平台的监管责任，加强事中、事后监管，在发展中规范，在规范中发展。

检验检疫机构应加快建立符合跨境电子商务发展要求的检验检疫工作机制，整个监管思路突出的核心是电商的经营主体责任和相关监管部门和政府机构的风险管理。以此为核心，通过信息备案、清单管理、风险监测、质量溯源、平台建设来共同构建一个闭环检疫监管模式。

1. 清单管理

实施正面、负面清单管理。

正面清单是指政府允许的市场准入主体、范围、领域等均以清单方式列明。跨境电商正面清单是中华人民共和国财政部等 11 部委公布的跨境电子商务零售进口商品清单第一批及第二批。

负面清单是相对于"正面清单"而言的一种国际通行的"黑名单"。负面清单中列出的商品是禁止以跨境电商形式进境的商品，其中直购商品必须符合《中华人民共和国禁止携带、邮寄进境的动植物及其产品名录》的要求。以下八类是禁止进口的商品。

①《中华人民共和国进出境动植物检疫法》规定的禁止进境物。

②未获得检验检疫准入的动植物产品及动植物源性食品。

③列入《危险化学品目录》《危险货物品名表》《〈联合国关于危险货物运输建议书规章范本〉附录三〈危险货物一览表〉》《易制毒化学品的分类和品种名录》《中国严格限制进出口的有毒化学品目录》的物品。

④特殊物品（取得进口药品注册证书的生物制品除外）。

⑤含可能危及公共安全的核生化有害因子的产品。

⑥废旧物品。

⑦法律法规禁止进境的其他产品和质检总局公告禁止进境的产品。

⑧以国际快递或邮寄方式进境的，还应符合《中华人目共和国禁止携带、邮寄进境的动植物及其产品名录》的要求。

第八类用来约束直购商品。其中关于禁止携带进境邮寄物又明确规定了16类商品目录，但是在列入目录中如已经获得相关检疫审批许可或能提供国外官方数据的检疫证书可不受此目录的限制，该目录均可在网上查询。

2016年4月国家先后发布了两批清单，其中动植物疫情流行国家所生产的产品是不允许进入中国境内的。未获得检验检疫准入的动植物产品以及动植物源性食品不准进入中国市场。准入制度包括很多产品，像肉类、水产产品等。中国与贸易方所属国家会进行相互准入谈判、考察、注册等，用以确定中国可以从哪些国家进口肉类或水产产品等，根据不同国家的动植物疫情、卫生检疫疫情，质检总局、农业部、卫生部、海关总署、商务部等相关管理部门会定期发布一些禁止进境的产品。如果未获得准入，严禁进口，被列入危险化学品目录和联合国附录的产品，即危险化学品和危险货物，违背核生化安全方面要求的产品禁止进口。但是像血清等医疗特殊物品，取得进口药品注册证书的生物制品是允许进口的。

2. 备案管理

检验检疫机构对跨境电商经营主体及电商商品实施备案管理。

跨境电商经营主体，是指从事跨境电子商务业务的企业。包括跨境电子商务的商品经营企业、物流仓储企业、跨境电子商务交易平台运营企业和与跨境电子商务相关的企业。也就是说，只要是经营企业、物流企业、平台企业还有相关的企业，都纳入经营主体备案的范围当中。电商经营主体备案应向检验检疫机构提供经营主体备案信息，备案信息发生变化的，应及时向检验检疫机构更新备案信息，在提交备案信息时，按照公告的统一要求，认真填写经营主体备案信息备案表，将表上相关内容填写完整后通过信息平台提供信息，同时要提交质量诚信经营承诺书。备案都是通过无纸化方式开展，可将电子信息和承诺书扫描件上传，无须提供纸质材料。

电商商品的备案工作量大且烦琐。电商经营企业，在商品首次上架销售前，应向检验检疫机构备案。备案内容包括：企业基本信息，平台名称及网址，产品质量保证和诚信经营承诺，经营商品的类别、名称、品牌、HS 编码、规格型号、原产国别、供应商名称等，内容非常详细。大量的详细备案信息，是检验检疫机构对商品实施监管的事前监管，其目的是为了简化事中监管，加快通关速度，在事先把商品的具体信息报告监管机构，监管机构根据掌握的信息和风险分析，确定哪些商品应该加大抽查比例，哪些商品可以降低抽查比例。商品备案就是对企业商品的全面摸底。对于负面清单内的商品是不予备案的，即在实施商品备案时，在事前先把列入负面清单的商品排除在外。

3. 风险管理

风险管理即企业分类、商品分级。根据电商企业风险评定和信用评级，将电商企业分为一类、二类、三类、四类四个类别。根据商品风险情况，将进口商品备货模式分高风险、较高风险、一般风险、低风险四个级别。在质量安全风险监控和查验放行时，针对不同类别企业和不同风险商品采取不同的监控措施和查验比例。对电商企业进行分类，对商品进行分级的标准，是根据信用等级分类。如果信用等级是 A 级的就是 1 类，如果是 B 级的就是 2 类，以此类推。商品风险是结合保税备货模式对进口商品进行风险划分，对于直购商品只关注检疫风险即可，但是备货模式还是要关注质量安全风险。

4. 申报管理

对于跨境电商经营主体及其代理人应在商品整批出入境前进行申报。

跨境电商经营主体或其代理人在商品整批运抵储存至跨境电商指定场所之前向检验检疫机构进行入区申请单申报。出区时向检验检疫机构申报订单、支付单和运单等信息（以下简称三单）、并申报出区清单。

保税备货模式入区申报时是一次性集中申报，出区时会分为若干个包裹。如手工申报，非常复杂，目前采取信息化系统来实现申报。申报信息包括商品信息、订单信息、支付信息、物流信息、收发货人信息等。电商企业的信息化系统，与综合服务平台、检验检疫监管系统实现对接，所有的三单信息及商品信息都会通过信息化系统生成。

网购保税进口申报分为两个层面，一是境外商品入区时要进行一次申报，称之为清单申报，相当于把入区的货物，形成一个清单来进行总体申报。出区时根据不同的流向申报三单信息，同时申报出区清单。入区和出区是两次申报。在申报环节，一定注意信息化系统的对接。电商经营主体、第三方平台在与检验检疫电商系统进行对接时，数据报告标准要符合质检总局 2017 年 42 号公告要求。电子口岸、检验检疫监管系统的技术支持都可给所有企业提供技术咨询，包括报文标准都可以在电子口岸"单一窗口"的网站查询、获取。

5. 质量安全风险监测。

由于跨境电商属于新兴业态，对时效性、便利化的要求非常高，2017年《商务部等 14 部门关于复制推广跨境电子商务综合试验区探索形成的成熟经验做法的函》（商贸函〔2017〕840 号），该文件中提出了"两平台，六体系"的理念，其中六体系就包括质量安全风险防控体系。在商品入境时，检验检疫机构不可能像普通商品一样，进行单个商品检验或抽样。怎样来监管跨境电商保税备货模式的质量安全风险，探索质量安全风险监测模式，需要政府层面的监控力量来强化风险监测和预警，强化政府部门之间及电商平台的协作，对跨境电子商务领域质量安全风险早发现、早研判、早介入，营造良好的跨境电子商务经营环境，降低产品质量安全风险、维护消费者权益。

对高风险的商品，应加大抽样的频率，通过相关的措施抽查其质量安

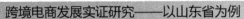

全。如果质量安全在一个相对正常范围内，可认定此类商品在一定周期内，是有质量保证的。如果在抽查中发现一些异常情况或不正常现象，要及时通报相关部门采取措施，对此类电商商品质量进行严格管控，发挥质量安全风险检测的作用。形成基于风险分析的数据集中，各监管部门之间集中互动。同时还要做好风险预警，国家质检总局在杭州已经建立了国家质量安全风险检测中心，每周、每月都会发布风险监控情况，包括从网络收集的一些负面舆论和根据风险监控计划抽查的一些结果形成可以预警的信息。这项工作对跨境电商商品的质量安全风险的管控非常必要。在监管中，包括质量安全风险监控中，如发现不能保障人身安全或健康环保的产品，监管机构将对其经营主体进行通报，视情况对其产品实施停止销售、召回、退运，甚至销毁等措施。

网购保税进口模式风险监测相对来说是比较复杂的一个流程，它包含的内容也较多，需根据相应产品国家标准的安全卫生项目进行监测。包括入区检疫查验、区内质量安全风险监测和出区核销放行三个部分。主要是以风险分析为基础实施的质量安全监管。在商品入区时首先进行检疫查验，对于入区的商品从检疫的角度，来查验是否来自动植物疫区，是否需要检疫处理，是否有活虫、无质包装等。在出区时要进行核销放行。质量安全风险监测实际上是对产品的监控，对质量安全的监控。

直购进口商品的入境，按照快件和邮寄物相关检验检疫监管办法管理，是以检疫监管为主。通俗来讲，直购的包裹要经过 X 光机，然后检验检疫机构进行抽查，抽查商品中是否有农业部、质检总局公告第 1712 号里面禁止进口的商品。比如玩具里面可能夹带一些种子、国外寄来的一些宠物、乌龟和小海龟等活的动物、一些花花草草等，是以检疫监管为主。

商品出境相对比较简单，实行集中申报、集中办理放行。以检疫监管为主，基于风险分析实施质量安全监督抽查机制。加大第三方检验检疫鉴定结果采信力度，监督具有资质的第三方检测机构实施检验检测，进行产品质量安全的合格评定。

享受跨境电商过渡期政策的试点城市，继续按新政实施前的试点模式进行监管，暂不执行中华人民共和国财政部等 11 个部门公布的《跨境电子商务零售进口商品清单》备注中关于化妆品、婴幼儿配方奶粉、医疗器械、特殊食品（包括保健食品、特殊医学用途配方食品等）的首次进口许可批件、注册或备案要求、网购保税商品"一线"进区的暂不核验通关单。

需要特别注意的是，2018 年青岛也开始享受跨境电商过渡期政策。所以两个正面清单备注中关于化妆品、婴幼儿配方奶粉、医疗器械特殊物品的首次进口许可批限及注册或者备案要求，可以对青岛放行。也就是说，对于化妆品、婴幼儿配方奶粉等，在青岛综试区不需要进行首次进口许可或注册备案管理。同时，网购保税商品在"一线"进区时也不需要任何通关单。在申报后，只需向检验检疫机构申报，进行相关的检疫查验。在海关不需要凭入境通关单来对此批网购保税货物入区进行验放。对于普通货物而言，通过海关需要通关单，所以青岛综试区在享受过渡期政策期间，暂时不执行首次许可，同时不需核验通关单。

6. 信用管理

企业信用管理非常重要。跨境电商对贸易便利化要求非常高，而贸易便利化源于多个方面。其中一个方面是政府部门，以及口岸监管部门的共同协作，才能为电商企业提供一个公开透明的环境，以利于行业更好发展；另一个方面则来自于电商企业的诚信。各个监管部门对于企业的管理都是合法的，诚信守法的企业可以享受便利，失信违规的企业必须惩戒。如果企业诚信度高，监管部门会一路绿灯；如果企业诚信度低，监管部门需要步步严查。所以企业信用管理对于促进电商发展，营造良好的经营环境非常重要。此外，山东省目前有电子商务产品质量信息公共服务平台，以平台为依托，能够发挥好全国电子商务产品质量信息共享联盟作用，建立跨境电子商务信用数据库，推进诚信分类管理，促进信用等级互认，将企业的信用等级和分类监管相结合，给予诚信企业更多的便利措施，提升跨境电子商务商品的通关便利化水平。

7. 监督管理

监督管理——企业质量安全管理制度。跨境电商企业需要一个质量安全管理制度，整个跨境电商检疫检验监管核心就是主体责任和风险评估。

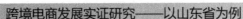

电商平台和电商企业应建立质量安全管理制度，并确保其运行有效。检验检疫机构对其实施情况进行监督管理，电商经营主体应在电商网站展示电商商品信息。主要包括名称、规格、品牌、功能、用途、价格、生产国、生产企业、食（使）用方法与注意事项等。这些具体的信息，跨境电商企业需要主动公示。

8. 品牌建设

质检总局在 2018 年的工作要点中特意提出：推动质量提升。质量现在已经成为一个国家层面的话题，在电商领域，通过品牌建设能够推动产品质量的提升。2018 年，山东省检疫检验机构希望通过打造跨境电商山东品牌来发挥跨境电商新业态助推山东新旧动能转换的作用，从而推动整个跨境电商产品质量的提升。

三、跨境电商监管设施及条件

跨境电商的监管设施和普通货物或者口岸监督管理所需要的种种监管设施和条件相比，相对简单，主要包括以下几个方面。

园区建设。园区建设主要包括检验检疫用房、查验工作区、监管仓库的建设。在跨境电商监管区域内的硬件设施、信息化系统、查验场所和设施都应该符合检验检疫的监管要求。要配备检疫检验用房，即配备办公用房和现场查验用房，面积要与业务量相适应，配有可供检验检疫部门使用的查验设施和设备。具备能连接检验检疫所需的内部网络，确保 X 光机系统与山东跨境电商检验检疫监管平台有效对接。对于跨境电商来说，不同的园区里条件也不一样，只要能够满足实际工作需求即可。监管仓库用于存放实施查封、扣押以及有待进一步检验检疫、鉴定的电商产品。其他监管配套设施，应配置视频监控设施，按要求设置各类标识标牌。

在直购模式前期，检验检疫机构的监管存在介入不及时的现象。有一些园区的产业设施，包括没有配置检疫检验所需的监管系统内部网络，X 光机也没有和监管平台进行对接。信息化系统的改造费用相当大，所以后期系统的对接，包括 X 光机系统与监管平台的对接，都需要各个园区与地方政府的支持。

监管仓库，用于存放实施查封、扣押以及有待进一步检验检疫、鉴定的电商产品，相当于有特殊要求的一个区域。比如开展冷藏冷冻业务区域，需要保持冰货模式，如有水果保鲜或冻品，就应该配置相关的监管冷库。

检疫处理场所，就是运用于对跨境电商产品或者木质包装进行检疫处理的熏蒸、消毒、热处理、除虫、除鼠等的工作区域及设施。因为它是简易处理工作，且有一定的危险性，要求位于工作生活区的下风方向，且具备防鼠设施。此外，还有一些其他的配套设施，像视频监控、按要求设置各类标识标牌、样品的存储、抽采样工具的存放等，都是必须配备的。为了统一相关的标识标牌，质检总局发布了口岸检验检疫监管查验场所标识标牌设置规范，所以要按照规定来操作。同时，在跨境电商的监管过程当中。一直在积极地推动一机双屏，共享共用。一方面可以实现产业设施的集约化，另一方面可以更高效地对园区进行规划配置。

在具体的工作中，检验检疫部门也是在不断地探索，不断地改进工作。尤其是在质量安全风险监控，包括质量追溯、追溯管理等方面。跨境电商行业的发展，需要政府和各个监管部门还有电商企业的全力协作配合。对于检验检疫来说，肩负着整个跨境电商的质量安全重任，具有一定的压力。在开展这项工作时，一方面要保证贸易便利化，另一方面又要保证国门安全和质量安全，需要得到各地商务部门、各地政府的大力支持。在地方政府商务部门的牵头下，口岸各个监管部门共同努力才能把检验检疫工作做好。只有这样，山东的跨境电商才能健康稳步发展，再上一个新的台阶，并在发展上产生质的变化。

四、跨境电商外检内放模式及溯源云平台

1. 外检内放和全程溯源

外检内放是指进口商品在发货前，首先由中检集团海外公司根据我国法律法规和标准要求，在境外提前对进口产品实施预警，主要包括中文标

签审核、现场查验、抽样和实验室检测、监装、粘贴、溯源二维码等，并将预警信息上传至中检集团全球商品溯源云平台，形成完整的溯源信息和预警报告，提供给检验检疫部门，货物到达口岸后，检验检疫部门采信中检集团的运行结果，不再进行抽样检测，直接核查。外检内放是和全程溯源结合在一起。全程溯源是综合运用实地验证商品及检验、检测、认证工厂检查的手段，对商品的产地、质量、特定属性进行验证，并利用防伪二维码技术将验证信息与商品进行匹配，通过互联网信息系统实现验证信息的可查询、可追溯。这就是外检内放和全程溯源。

外检内放，在设计的时候就关注到跨境电商企业的困惑，能帮助跨境电商企业解决很多困扰。

第一个困扰，比如进口的商品，商家特别担心的是货物已经入境，进了综保区后再查出商品超出国家规定指标，肯定要退货或销毁，会给企业造成很大的损失。而外检内放可以很完美地解决该问题，在出口源头就进行产品质量检测。例如奶粉，欧洲奶粉如果在产品入境前，送到中检集团技术中心进行检测，如不符合中国奶粉质量标准，可以调整奶粉标识含量，或者调整奶粉配方，就不会出现奶粉进入中国境内后，不合格再退掉，在一定程度上减少了奶粉企业的损失。外检内放可以获得一种确认性、确定性，保证货物到口岸后检测不会有问题，对于跨境电商（贸易商）来讲，是非常有价值的。

第二个困扰，跨境电商企业经常会遇到初次做贸易的客户，对方的信任度欠缺，会出现货单（所定货物与订单）不符，或者数量出现短少及质量问题，等等。外检内放也可以很轻易地解决，只要在装运港进行实地验证，且这些验证专家在此领域比贸易商更具备专业性，对商品本身的品质、属性了解更多，可以替企业把好质量关。

第三个困扰，消费者对跨境商品的真伪有质疑，外检内放可以轻松解决该问题。因为外检人员会到实地工厂去查看，然后再加贴防伪码，确保是真品，才能上传到溯源云平台。

第四个困扰，即使货物已经抵达境内，还要担心抽检时间不确定、通关时间不确定。外检内放可以使通关时间大大缩短，基本上可以确保时间安排。

第五个困扰，中文标签审核。外检内放是从食品开始的，现在中检集团正逐渐地和其他城市协调，工业品也在尝试标签审核。食品标签标识的配料、成分等，由于国外客商不了解中国法规，会出现标识不符的问题。在外检内放的过程当中，中检集团可以提供标签的审核服务。例如，来自日本的调味品，里面含有鸡肉的成分，一个标识是不行的。动物源性食品要注册，否则是不准进口。如果不进行审核，所有标签都已经印在包装上，全部都要废掉，会给企业造成很大损失，外检内放可以提前审核，预先告知。

2. 溯源云平台

溯源云平台，起源于中检集团海外的一个溯源系统，实际上是客户和市场倒逼找到中检集团，国外的客商有从中国进口商品的需求，首先提出有防伪和溯源要求，于是中检集团建立了 1.0 版的溯源系统。在 2014 年前后，客户对国内追溯体系的需求也慢慢多起来，于是中检集团又升级为 2.0 版，把国际和国内溯源系统打通，这样就具备了一个比较好的影响力。2015 年国家发改委提出要建设国家级平台，打造一个全球商品的溯源云平台。云平台主要实现中检集团的全球商品生产加工及检验检测等过程的数据采集、处理、溯源和统计分析，能够实现全球企业内部品控管理、内部追溯管理和外部追溯管理，能够实现消费者端的查询和分析，为政府监管部门、行业生产商和贸易商、终端消费者提高行业监管力度、提升商品质量、保证市场公平交易提供科学有力的支持和保障。

2017 年 2 月，中检集团和山东出入境检验检疫局签署了战略合作协议，主要内容是通过全球溯源这个模式，联合检验检疫机构一起共同打造山东省的三最口岸，即速度最快、费用最低、服务最好。企业如果想更加快速且便利的通关，除了进行公关模式的服务创新以外，更重要的还是要确保符合法律法规的要求，确保国门安全。无论是在动植物方面还是在食品安全方面的风险都比较高，所以山东出入境检验检疫局跟中检集团签订协议，本着合作、互信、创新的原则，依据国务院办公厅关于加快推进重

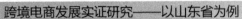

要产品追溯体系建设的意见，按照现行法律法规的要求，发挥各自优势，创新监管模式，推动全球商品溯源在山东口岸的有效应用，为全国检疫系统推动贸易通关便利化起到示范作用。中检集团也提出来基于现有的成果，进一步整合全球资源，打造溯源加检测认证的操作模式，建立并完善符合检验检疫部门监管需求的进口商品溯源系统，规范境外预检操作流程和相关技术标准，充分准确挖掘商品品质监管和物流等信息，为山东出入境检验检疫局开展进口产品检验监管提供技术支持和溯源信息服务。

中检集团是隶属于质检总局的一个第三方国有机构，是目前我国境内最大的检验、鉴定、认证和测试机构，有 30 多年历史，目前无论是在国际、国内都是特别专业的机构，在国内是最大的一个检验鉴定机构，在全球有 400 多家分支机构、300 多个实验室。30 多年来中检集团代表中国派出到全球各地机构的人员主要从事检验、检查工作，在海外代表中国官方进行一些资质的检查、检验工作。国内的机构遍布全国各省，山东省的机构总部在青岛市福州南路 25 号。

中检山东公司是中检集团的一级子公司，是由中检集团和山东出入境检验检疫局共同投资建立的，是山东出入境检验检疫局直接管理的机构。中检山东公司有三个中心，五个职能部门。三个中心：一个是认证中心，大家比较熟知的 CQC 中国质量认证中心，有 91004000 体系认证；另一个是检测中心，有全省的实验室；还有一个是鉴定中心。

中检集团首先从食品开始，主要利用中检集团（CCIC）的两个核心优势：第一个优势是全球的网络，中检集团拥有全球网络，收集不同国家的相关产品检验、检测信息，满足了跨境电商及时性的需求；第二个优势是国家扶持建立的溯源云平台，一个大的数据平台。利用这两个优势，能够更容易开展外销外放服务，能够把检验工作尽可能地在装货之前就做完或者说提前做好，再加上全程溯源和监管，形成闭环，从而使口岸的检验检疫能快速地完成并通关放行。通过提供技术上的支撑，解决实际问题。外检内放模式并不仅仅是为检疫通关放行服务的，也可以给地方的监管部门提供很多的信息，包括食药部门和海关。所以这些信息不仅为贸易部门，同时给消费者提供了安全保障。消费者可以通过溯源平台，用手机扫一下，就可以知道商品的真伪，而且是由专家把关，不需要自己去分辨真、假，中检集团有强大的实验室网络，专业的工程师队伍，会告知消费者真伪和起源地。跨境电商的销售商，利用这样一个系统，也可以很好地管理跨境商品，比如防串货，或者了解客户的市场需求。

现在的溯源系统实际上并没有强调一定要用特定溯源系统，实际上企业可以建立自己的溯源系统，但是企业自己溯源的结果，呈现给消费者时，往往消费者会有一些疑问，特别是在当前社会的诚信体系还需要完善的过程中，这种溯源的公信力就显得非常重要。中检集团的品牌背后是我们国家最大的机构，国字号机构的背书，中检集团一定要严格把关，符合要求的产品才能够溯源，这样就能很好地帮助大家解决公信力问题。外检内放至少能在跨境领域解决这些方面的困扰，整个全球溯源是在整个产品生命周期的环节中，都有相关产品溯源服务，从产品的生产到运输、进境、报检、报关，一直到商场和消费者手中，全程都会有一个设计好的溯源服务。例如，原辅料生长环境和产品环节，都分别可以提供前沿检测服务；还有中文标签审核，都可以给消费者提供咨询；等等。一旦进入溯源系统，就可以享受便捷的通关服务。

3. 相关外检内放、全程溯源案例

案例一：2017 年 11 月威韩跨境电子商务有限公司从韩国进口的 850 箱海苔，经威海出入境检验检疫局检验检疫合格后顺利入境，这是山东口岸通过外检内放模式进口的首批食品。威海出入境检验检疫局在山东省率先实施外检内放的创新模式，在进口食品检验中引入专业检验机构，在境外，按照中国的标准及要求，对拟进口食品实施检验检测，检验检疫部门采信专业检验机构的检验结果，对产品实施快速放行，省去了以往产品入境后的实验室检测环节。

通过外简内放的这种创新模式，通检时间由原来的 7 天减至当天就可以完成，同时降低了以往由于检验不合格所带来的退货或销毁的风险。中检集团的溯源方式也大大提升了消费者对于产品的信任度。

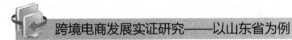

案例二：众所周知，生鲜食品的保质期短，如果按照传统的进口模式，生鲜食品需在口岸进行抽样、检验，按照标准规定时间需要 1～2 周。目前上海出入境检验检疫局与中检上海公司以及山东食品进出口公司联合中检新西兰公司一起合作，对于采用空运的模式运过来的生鲜食品，由中检的新西兰当地的机构进行抽样检验，工作职责就是检测里面微生物、化学污染物等，按照中国的法律要求，提前进行一些检验，在货物发出之前拍照、封箱，最后加上溯源系统的二维码，通过溯源平台把检验的信息与中检上海公司的智慧国检系统数据对接，货物发出的同时，上海方面就能得到一条相关的信息，可以利用手机扫码截图获取信息，信息中包含了生产企业的现场状况，从订单开始到海外牧场境外的检验，特别是运输的整个冷链环节，监管信息也会上传到溯源云平台。上海机场收到货物后，相关管理部门到现场进行检验，出关放行时可以很容易获得中检方面所获知的风险、检验的相关信息、运输货箱里面的温度监测信息、实时温度信息，这样就能确保装货之前的状态是符合国家标准要求的，同时在整个物流运输环节又是受控的，为在口岸放行提供了一种依据、一种信心。

案例三：美国波士顿的活龙虾进口。宁波某贸易公司找到中检公司提出要从美国波士顿进口活龙虾，龙虾属于鲜活食品，保质期短。利用云平台，用全程追溯的方式，首先在境外的水产企业都是要注册的，中检公司对企业进行资质审核、现场捕捞情况查看、加工现场审核、加贴标签。每一个龙虾的螯上，有一种塑料封起来的二维码，成本不高。中检北美公司把整个波士顿的龙虾从捕捞区域捕捞开始，包括龙虾的储存、分拣称重、现场的包装，一起按计划都进行了验证核查，然后上传到中检的云溯源系统中。从宁波口岸入境时，宁波当地的工作人员就可以有依据地快速放行，这样就能够解决相关客户快速放行的要求。

案例四：2017 年 1 月 4 日从乌拉圭进口的牛肉，大约 40 天，到达天津港口岸。这是中工国际和乌拉圭共同协作进行的进口贸易。进口的牛肉必须是来自于乌拉圭注册的企业，通常这些牛肉的质量品质都是由中国 CIQ 监控。中工国际包括乌拉圭的肉牛协会找到中国出入境检验检疫局，希望该局进行牛肉的检验检疫。因为中国市场上有一些各种渠道进口的类似牛肉制品。如何鉴定各种渠道的牛肉制品的真伪，是摆在消费者面前的问题。没有第三方权威的证明，给市场包括消费者带来很大的困扰。中工国际和乌拉圭出口商主动找到中国出入境检验检疫局，诉求是双方是注册正规企业，牛肉正规渠道进口，希望和市面上某些渠道的牛肉区别开来，所以找到中国出入境检验检疫局来做追溯。中国出入境检验检疫局派中检乌拉圭公司人员到现场去加贴 CCSA 的防伪的二维码，上传到 CN 系统，这样就保证了牛肉进口的合法性及质量监管。

案例五：天猫国际与中检公司的合作。合作检测、追溯的商品有宠物食品、进口奶粉。天猫国际在 2017 年 6 月，希望与中检公司合作，通过追溯，将贴有防伪二维码的商品在天猫平台销售，无论销售的数量，还是客户评价都非常好，而且扫码率非常高，买家买到商品之后扫一下二维码，天猫就会获得客户的具体信息，对天猫将来精准的销售和大数据收集非常有利。经过宠物食品扫码溯源的初步尝试以后，全球天猫国际跨境奶粉的溯源也开始与中检公司合作。众所周知，奶粉的配料要求非常高，如英配奶粉的微量元素指标，欧洲标准值与中国标准会有一些差距，差距一旦超出一定的范围，按照中国的法律规定质检总局会判定奶粉不合格，因为涉及婴儿健康，中国政府非常重视，无论是食药部门、检疫部门，还是大众都很重视，一定不能出问题。为了确保跨境奶粉符合中国标准要求，质检总局和欧洲方面驻山东的公司进行了全方位的合作，同时青岛港在欧洲也有类似的合作。质检总局制定了详细的方案，通过在装运港的质量控制，包括全程控制：工厂端、贸易端、产品端、进口端，通过技术手段进行监管，帮助天猫国际建立追溯系统。目前服务逐渐展开，消费者会在天猫国际上看到 CCIC 的中检集团的标识。

案例六：跨境包裹直邮的溯源。这种溯源是 2017 年中国境内消费者购买的直邮商品，包裹上标明来自于美国或者来自澳大利亚，收到包裹，无论是快递单还是所有发票，向消费者展现的都是来自于美国、澳大利亚。但是实际被曝光不是来自境外，是从中国境内寄出，快递单据是伪造的，而快递公司也很难掌控一线快递公司的物流单据，这些假单据，很难弄清其出处。快递公司需要与质检总局的溯源系统合作才能从源头切断假单据的流出。例如澳大利亚一个物流公司与中国境内的一些快递公司如菜鸟、京东合作，要求商检部门帮助他们对快递的始发地进行溯源，证明所有包裹是从澳大利亚发出。中检集团派遣工作人员到现场去核对包裹，包括数量、包裹的来源，在包裹的快递单上打上中检集团的 CCIC，同时对应溯源云平台上的一个二维码。溯源云平台是国家发改委目前做的一个平台，作为第三方会证明包裹是来自澳大利亚，这样会大大增强消费者的信心，也可以解决当前的一些困扰。跨境电商交易中信任缺失这个痛点，就能够很好地解决。

第二节　外汇管理政策

跨境电商与贸易外汇管理，是整个跨境电商行为的后期过程，是以资金流为重心来管理的。贸易外汇管理，分为货物贸易和服务贸易。货物贸易一般称为有形贸易，交换商品主要是以实物形态表现，需要通过海关，接受海关的监管，通过海关实现进口和出口。和货物贸易并行的是服务贸易，中国近几年大力支持服务贸易业的发展。服务贸易简单地说是指国与国之间相互提供服务的经济交换活动。比如山东威海和烟台等城市早年的劳务输出，也就是出国打工。这几年占比比较大的服务贸易是旅游，境内旅游和境外旅游的规模都越来越大。服务贸易包括一些传统项目，如运输、保险、专利权的使用、特许费、咨询以及其他商业服务等。

一、外汇管理政策

近年来，中国的外汇管理一直在出台政策实现简政放权。主要的法规包括：上位法：《中华人民共和国外汇管理条例》（中华人民共和国国务院令第 532 号）；基本法：《货物贸易外汇管理指引》（汇发〔2012〕38 号）、《货物贸易外汇管理指引实施细则》（汇发〔2012〕38 号）、《货物贸易外汇管理指引操作规程》（汇发〔2012〕38 号）、《服务贸易外汇管理指引》

（汇发〔2013〕30号）、《服务贸易外汇管理指引实施细则》（汇发〔2013〕30号）；相关法：捐赠、境内划转、现钞、海关特殊监管区域、第三方支付等。

近几年的新政包括：《国家外汇管理局关于进一步推进外汇管理改革完善真实合规性审核的通知》（汇发〔2017〕3号），该文件进一步规范货物贸易外汇管理，完善经常项目外汇收入存放境外统计，扩大境内外汇贷款结汇范围。该政策包括两个要点：首先，进一步规范货物贸易管理，强调境内机构应该按照"谁出口谁收汇、谁进口谁付汇"的原则来办理外汇业务收支。其中还强调了外贸综合服务企业，比如一达通，就是监管和约谈的重点。产品出口，资金回收困难，2016年相关外汇管理部门对该企业核查多次，2017年形势发生转变，资金回收向好。究其原因一方面存在实实在在的管理，另一方面管理发挥了效用。其次，完善经常项目外汇收入存放境外统计。国家外汇管理局于2011年1月1日起实施的《中华人民共和国外汇管理条例》（汇发〔2010〕53号）规定企业如果有滞留境外资金，一定要将此状况报告备案。企业向国家外汇管理局各省、市分局申请，被批准后，方可将资金存放境外。企业私自将资金滞留境外会受到严惩。

《国家外汇管理局关于进一步促进贸易投资便利化完善真实性审核的通知》（汇发〔2016〕7号），是一个简化管理程序和加强管理实效的政策。一方面，简化A类企业货物贸易外汇收入管理。在该通知颁布前，所有企业货物贸易收汇后，收汇资金要进入待核查账户，才能转出去。该通知颁布后，针对A类企业货物贸易收汇后，可以不放在待核查账户，直接汇入企业经常项目外汇账户，甚至结汇，这是便利政策。另一方面，规范货物贸易离岸转手买卖业务。B类企业暂停办理转手买卖业务。此外，转手买卖业务必须在同一个银行网点办理，并且要求同币种。同币种指的是，进出都是人民币，或者进出都是外汇。不允许一边人民币，一边外汇，做中间差价套利。外汇管理的政策就是避免企业避实就虚。

《境内机构外币现钞收付管理办法》（汇发〔2015〕47号），该文件明确境内机构外币现钞收付的条件，明确银行办理外币现钞收付业务的审核要求。明确了境内现钞支付的条件，无法使用银行渠道等支付渠道时，包括银行汇路不畅，与有战乱及金融条件差的国家进行交易时，允许境内机构以外汇现钞办理经商项目的收付。既可以做货物贸易，也可以做服务贸易。该文件明确要求银行办理外汇现金收汇业务，要切实体现三原则，即对外币现钞收付提供审核的真实性、合法性、必要性，强调必要性。山东省沿海的企业（包括日本、韩国的企业）比较多，差旅费也比较多，有些企业就是以差旅或培训的名义提取现钞，尤其是做服务贸易的企业。现在像日本、韩国换汇比较畅通的国家，完全没有必要换数目较大的现钞，所以银行在必要性上就要打折扣。任何一个主权国家，对现钞管理都比较严格，要尽量避免使用现钞。

《关于促进外贸综合服务企业健康发展有关工作的通知》（商贸函〔2017〕759号），该文件规定外汇管理部门对综合服务企业贸易外汇收支实行主体监管、总量核查和动态监测。把外贸综合服务企业按照一个普通企业来管理，遵循"谁出口谁收汇、谁进口谁付汇"的原则。所以，外贸综合服务企业要管好在贸易发生后的资金收付，外贸综合服务企业要对下游企业提要求，避免对自己的经济效益造成影响。

《商务部等14部门关于复制推广跨境电子商务综合实验区探索形成的成熟经验做法的函》（商贸函〔2017〕840号），该文件内容包括便利外汇交易结算，个人对外贸易经营者或个体工商户外汇结算账户、收结汇政策等。这项政策是支持在风险可控、商业可持续的前提下鼓励金融机构、非银行支付机构依法依规利用互联网技术，对具有项目背景的跨境电商提供在线支付结算、在线的小额融资、在线的保险等一站式的金融服务，解决中小企业融资难的问题。个人对外贸易经营者或是个体工商户在满足一定条件后可以开立外汇结算账户。

2012年，国家外汇管理局推出了货物贸易管理改革。之前出口退税需要国家外汇管理局核销，核销后才能退税。货物贸易管理改革之后，出口退税与核销脱钩。各级外汇管理局侧重于社会监管，事前审批等权限下放。2013年推出服务贸易外汇管理改革，2015年保险外汇改革。这期间还穿插着几次小的改革，以及个人外汇管理的改革，包括像现钞、海关特殊监管区域等的一系列法规，都有变动。但是，总体大趋势是简政放权，需要许可的项目，只剩七八项。

上位法是税务总局管理条例，1996 年颁发，2008 年重新修订。目前所有外汇管理的法规，包括管理、查处、处罚等，都是以外汇管理条例为基础的。其他基础法，如《关于印发货物贸易外汇管理法规有关问题的通知》（汇发〔2012〕38 号），包括了外汇管理指引、实施细则和操作规程。2013 年国家外汇管理局发布的《关于印发服务贸易外汇管理法规的通知》（汇发〔2013〕30 号），包括外汇管理指引和实施细则。还有其他货物贸易和服务贸易相关零散的法规，散布在一些较小的专项法规里，包括捐赠现象的法规、境内发展的规定、海关特殊监管区域管理、支付机构管理等。

2012 年货物贸易外汇管理改革之后，外汇管理有以下明显的特点。

①实行主体管理。确定几个监管对象作为范畴，对企业实施贸易外汇收支名目管理，由外汇管理部门统一向金融机构发布企业名录名单。金融机构不能为不在名录内的企业办理外汇收支业务。一个企业想办理外汇收支业务，必须到外汇管理部门做登记。这个法规明确了谁出口谁收汇、谁进口谁付汇的审核原则。要求企业根据贸易方式、结账方式、资金来源、资金流向进行收支信息申报。通过开立账户甄别和管理企业收入的真实性，规范了转口贸易、进口项下的退汇、代理业务以及结算等特殊外汇管理业务。

②贸易外汇管理改革后，新法规显著的特点是企业报告制度。要求企业在一定的期限内将贸易信贷业务、贸易融资项目，按照规定上报对应的外汇管理局。贸易信贷主要是指企业进口或出口后是先收钱还是后收钱，是先付钱还是后付钱。因为有时间差，将之归类于贸易信贷。银行等金融机构贷款，各种融资的行为，都属于贸易融资。企业报告很重要，报告的准确性和及时性直接影响到企业非现场总量的核查结果，以及企业的分类级别。各级外汇管理局对企业分为 A、B、C 三类。A 类企业是便利化企业，对于便利化企业，30 天以上的预收预付货款及 90 天以上的延收延付货款，需要进行报告。对于 B 类、C 类企业，发生的预付预收，以及 30 天以上的延收延付都要报告，贸易融资、90 天以上的信用证、海外代付等进

口贸易，公司都需要报告。转口贸易收支是近年外汇监管的一个重点。通过转口贸易做虚假贸易的现象有增长趋势，所以国家外汇管理局要求转口贸易的收支不能超过 90 天，且贸易金额不能超过 50 万元，50 万元以上需要报告。此外，辅导企业也需要报告，一个企业新成立了辅导企业，在对应的外汇管理局做了门户登记，开始进入企业的辅导期了，辅导期的长短是从第一笔业务开始计算。第一笔资金收付业务，开始延长至 180 天，这个时间段就叫辅导期。辅导期间如果发生了贸易融资、贸易信贷业务，需要参照宽松的管理办法，按照 A 类企业进行管理。按照 A 类企业的报告原则报告，180 天结束以后要求 15 个工作日内向对应的外汇管理局做整个辅导期的业务情况报告。此报告不能遗漏，如果遗漏，相关外汇管理局就会予以处罚。

③非现场监测和现场核查。各级外汇管理局工作的重心主要是在非现场监测和现场核查上。非现场监测就是各级外汇管理局会从海关提取记录好的数据，从银行提取收录后的数据、结汇部的数据、企业报告数据，综合所有的数据，进行总量核查。如果企业的各项指标不正常，就要进行现场核查。通过分析数据、分析历史资金和货物往来情况，对企业进行监测。若不能排除异常，就要进入现场核查阶段。现场核查，包括要求企业自查、企业提交报告、约见谈话以及直接去现场进行调查和检查；还包括可能通过银行来查企业，通过银行调取企业的业务数据调查数据的可靠性。根据现场核查的结果，或者非现场核查结果，进入分类管理。根据调查结果及企业的情况进行不同的分类，分为 A 类、B 类、C 类。A 类企业可以凭报关单、发票等任何一种证明交易真实性的单证，在银行直接办理业务，银行办理业务时手续相当简便；对 B 类和 C 类企业，在外汇贸易收支的审核业务类型和结算方面就要实施严格的监管。B 类企业的业务范围受限制，包括转口贸易等会有额度的限制，收汇的金额、预收预付金额都有限定。银行在办理业务的过程中，首先进行电子数据核查，给企业限定的额度，额度内的，企业可以自己处理，额度外的，企业需去对应的外汇管理局审批。C 类企业，所有的业务都需去对应的外汇管理局审批。各级外汇管理局通过这样一种模式，引导企业规范业务流程、强化自我约束。

各级外汇管理局也可以利用监管资源，强化对重点监测企业、异常收支企业的风险防控。

二、金融机构业务流程

近年来，国家外汇管理局重视联合监管，国家外汇管理局与海关总署、税务总局之间，建立数据信息交换机制，各部门监管个案协查机制。国家外汇管理局定期向海关总署、税务总局提供贸易核查数据以及分类监管信息，海关总署也会向税务总局传输企业的信息。税务总局向国家外汇管理局传输出口收税审核，商品名单以及骗税企业名单等，作为国家外汇管理局的监管参考。国家外汇管理局收到税务总局的骗税名单后，会直接将企业列为 B 类。对于海关总署提供的包括有走私行为、走私罪的海关失信企业，国家外汇管理局将它列为 C 类管理。2017 年外汇管理局山东分局和青岛、济南海关，包括山东省商务厅和税务局，都有异常名单交换。2017 年，据初步估算，对企业的核查量为 200 多家。

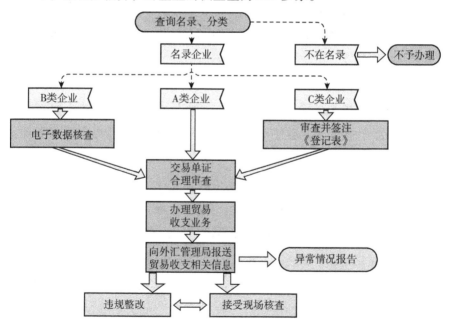

图 5−1　金融机构业务流程

图 5-1 是金融机构业务流程。首先企业到银行办理业务，银行会查企业名录。银行系统与外汇管理局系统相关联，可以在线调查企业是否在名录之内。如果企业不在名录，不能直接办理业务，所以需要先去外汇管理局山东分局做名录登记。如果属于名录内企业，银行会调查属于 A 类、B 类还是 C 类企业。A 类企业就可以直接审核交易单证来办理业务。B 类企业就需要多一个程序，需要电子数据核查。核查的目的就是哪些业务能做，哪些业务不能做。再筛选企业本次的收汇有没有超过限额，如果超过限额，就要去外汇管理局办理额度。C 类企业，填表登记，外汇管理局审批通过后方可办理业务。

三、外汇改革特点

2013 年服务贸易外汇改革，外汇改革后出现五个特点。

第一，简政放权，取消了贸易够付核准。以前超过一定额度都要去各级外汇管理局审批，服务贸易工作量大，压力大。每天要审核很多业务。取消服务贸易够付核准后，企业服务贸易去金融机构可以直接办理。各级外汇管理局主要强化金融机构的尽职要求，推动金融机构完善相关制度以及制作流程。各级外汇管理局更多地加强社会的监督与检查。

第二，小额交易无须审单。规定金融机构单笔 5 万美元以下的服务贸易业务原则上可以不审核交易单。5 万美元以下可以直接办理。有两点要注意，首先，机构和个人即使不需要提供交易单证审核，但是交易单证也要保存 5 年备查，对应的外汇管理局可能会调阅。其次，可以不审核单证并不是说必须不能审核，如果银行觉得该企业业务有问题，或者有嫌疑，会要求企业提供其他的相关证明材料，作为该业务的佐证。小额单证 5 万美元以下的业务，大约会占到服务贸易量的 80% 多，将近 90%。

第三，简化单证审核。以前审核需要提供很多单证，改革后只需审核合同就可以了。取消其他主管部门的核准和提供纳税证明文件的要求，税务部门以前要求首先提供纳税证明，改革后就无须提供该证明，只要进行税务备案。超过 5 万美元的贸易项目要去当地税务局做税务备案。税务备案就是填写资金汇出表，告知当地税务局本企业贸易的资金汇出，交税环节后置。

第四，放宽境外存放。2012—2013 年有些企业有资金在境外支出的需求，如果资金汇入境再出境，跨境手续费相对较高，为节省开支，企业有境外存放资金的需求。2012 年的货物贸易外汇改革和 2013 年的服务贸易外汇改革，都提到了企业资金境外存放的政策。只要经过对应的外汇管理局批准，资金可以存放境外，但是不能非法存放境外，也不能违规滞留境外，必须经过对应的外汇管理局审批后才能滞留境外。

第五，针对服务贸易改革的特点，强化了均衡管理和社会管理。20 世纪 90 年代国家强调出口创汇，服务贸易的审核偏重于资金流出的审核，即监控资金流出，而资金流入境内相对比较容易。随着国际贸易的发展，以及国家综合实力的增强，现在更倾向于贸易真实性的审核。这种项目包括服务贸易项目、个人外汇管理，只要贸易是真实的，就没有限制。无论何种贸易方式只要企业有真实的贸易背景，有真实需求，都是支持的。服务贸易日常监管的侧重点是高频分拆。由于目前强调 5 万美元以下的国际贸易业务无须审核单证，也不需要税务备案。有的企业为了省事、为了逃税，会把资金分拆，高频率分笔流到境外。高频分拆是各级外汇管理局关注的重点。此外就是大额资金和虚假贸易，任何时候大额资金都是各级外汇管理局监管的重点。服务贸易中也有虚假贸易，像海运服务费之类的，是监管和打击的重点。2016 年，外汇形势比较严峻，流税压力比较大，2016 年人民币汇率下浮，有些企业为了套利，会让资金流出境外进行虚构贸易。2016 年打击的力度比较大，包括虚假贸易融资和虚构转口贸易，外汇监管也取得了很大的成果。2017 年外汇储备不断增加，人民币汇率相对稳定，2018 年以来，这种恶意以套利为目的资金，已经在一定程度上得到了控制。

四、外汇支付机构

近年来国内电子商务和支付业务迅猛发展，跨境电子商务也是近年来国家对外贸易新的增长点，快捷的资金结算支持是电子商务的重要组成和必要条件。国家外汇管理局以跨境电子商务业务为试点，着力推动贸易监管和国际创新,进一步提高贸易便利化水平。

为了应对国际市场的竞争压力,各级支付机构呼吁尽快出台相应的外汇管理政策应对新的机遇和挑战。同时,为了进一步促进跨境电子商务业务的便利,国家层面希望中国的支付机构能够占领市场,满足国家经济、金融和信息安全的需要,积极助推有积极需求、经营合规、经济基础相对成熟的辖内支付机构加入试点过程中。

2013年2月,国家外汇管理局在北京、上海、杭州、深圳、重庆开展支付机构跨境电商试点,2015年1月正式把试点政策向全国推开。2015年之前中国大约有20家试点机构,截至2017年年底,全国有30家支付机构可以办理跨境支付业务。山东省的支付机构比较少,约有5~6家。2018年要发展山东省内的跨境支付机构,包括金运通。

目前,跨境电商支付机构有几个特点:

①试点准入制。因为是试点政策,所以要求有实际的需求,背景要经营合规、业务和基础条件比较成熟,这种支付机构才可以申请,国家外汇管理局批准后方可办理,否则是不可以办理外汇支付业务的。再者就是通过银行渠道,要求支付机构要在银行办理开户,包括有自己的资金池和备份资金账户,自己的资金池和备份资金要分离,因为通过银行管理,毕竟银行是最规范、最踏实,可以避免私下违规交易行为。

②要求真实贸易背景。真实贸易背景就是要求不得虚构交易。跨境外汇支付业务,必须有正式合法的互联网贸易和服务贸易背景,并不是所有的互联网贸易和服务贸易都可以通过网上支付机构来清算。有些服务贸易没有市场公允价格,是不能在此支付机构代理清算,还必须回到传统的模式。

③机构必须有项目管理。2013年是大约单笔等值1万美元,2015年新的政策提高到单笔等值5万美元。单笔是指个人或者机构的多笔资金汇总以后,结合到一起进行跨境的收付。

④要求信息还原制。支付机构可以集中办理收付汇和结收汇,可以不必单笔办理,有关信息必须交给柜员,能够还原真实的交易,而不能笼统计算收汇的金额。

⑤大额报告制度。要求支付机构在一些特定情况包括每个月累计超过20万美元以上都要进行报告。

辖区内各银行金融机构与支付机构为企业、个人提供跨境人民币结算，双方应该签订跨境电子商务人民币结算协议并禀报所在地人民银行分支机构进行备案。2017年，金运通已经向中国人民银行山东省分支机构跨境办进行了报备，人民币跨境结算最大的优势是没有限额限制，企业如果在跨境支付上有一些需求，应该尝试学习和了解跨境人民币结算业务的规定，可以更加便捷地办理业务。总之，从安全角度来说，支付机构关系到国家机密和商业信息的安全。

第三节　跨境电商零售出口免（退）税政策

2013年8月21日，国务院办公厅转发了商务部等部门关于实施支持跨境电子商务零售出口有关政策意见的通知，实施适应电子商务零售出口的税收政策，对符合条件的跨境电子商务零售出口业务实行消费税免税或退税政策，具体办法由财政部和有关商务部门予以制定，根据此文件精神，财政部和税务总局于2013年12月30日联合下发《财政部、税务总局关于跨境电子商务零售出口税收政策的通知》（财税〔2013〕96号）（以下简称96号文），明确了跨境电子商务零售出口政策。税务部门对跨境电子商务出口免税或退税也有了法律依据。

跨境电子商务零售出口税收政策的规定主要分为两部分，第一部分是增值税和消费税的退税政策，第二部分是增值税和消费税的免税政策。现阶段我国出口主要有三种形式享受政策：第一种是退税货物，这种货物是国家规定允许退税的货物，其中又分两种情况，生产企业目前遵照免抵退税办法，外贸企业目前是一直执行的退税办法；第二种是免税货物，主要是针对小规模纳税人规定免税的货物，超过免税申报期限的出口货物，因为国家允许出口退税的货物是有期限的，即必须在期限内出示凭证，若此期限内未出示凭证，只能实现免税不能实现退税，这是免税货物的规定；第三种是征税货物，就是取消出口退税。针对"两高一资"即高污染、高能耗、资源性。税务总局对这一部分的货物大部分已取消出口退税。这类产品出口后，不但不退税还要征收资源税、环境税等调整税。

一、跨境电子商务零售出口业务的具体办理

跨境电子商务零售出口税收政策的规定，主要分为两部分：增值税、消费税的退税政策；增值税和消费税的免税政策。现阶段，我国对三种形式出口货物实行的税收政策是出口免税并退税、出口免税不退税、出口不免税也不退税。

1. 相关概念

出口货物免（退）税即出口免（退）税，主要包括以下几个方面：第一，在国际贸易业务中，在我国报关出口的货物。第二，在货物的生产环节和消费环节已交纳税收的货物。第三，明确了退税的税种，一是增值税，二是消费税，这两个税种在国际贸易中通常采取并为各国所接受的，是鼓励各国出口货物公平竞争的一种税务措施。出口货物免（退）税制度被世界上实行间接税的大多数国家所采纳，从而形成一种国际惯例。

适用96号文可以享受免（退）税的企业有两种：自建跨境电子商务销售平台的电子商务出口企业和利用第三方跨境电子商务平台开展电子商务出口的企业。为电子商务出口企业提供交易服务的跨境电子商务第三方平台，不适用96号文规定的退税、免税政策。电子商务出口企业又分为两种类型：生产企业和外贸企业。跨境电商企业，第一类是指自建跨境电子商务平台的电子商务出口企业，此企业既是跨境商务销售平台的企业，又是出口自己产品的企业，均可享受退税和免税政策。第二类就是利用第三方跨境电子商务平台开展电子商务出口的企业。例如，A企业是一个跨境电商服务企业，B企业是一个出口企业，B是利用A的跨境电子商务平台完成的出口交易，在税务机关享受免（退）税政策的企业是B企业。国家认可这两类企业享受退税政策。

2. 跨境电子商务出口货物

根据企业出口货物的性质，出口货物分为出口货物和视同出口货物两

大类。出口货物，是指向海关报关后实际离境并销售给境外单位或个人的货物。同时符合下列三个条件才能称作出口货物（既出关又出境）：货物通过海关报关出口，货物实际离开中国境内，货物销售给境外单位和个人。视同出口货物指未报关出口销售、未实际离境的货物，以及对外援助、对外承包、境外投资等海关特殊监管区域的货物。未报关出口销售、未实际离境的货物，以及对外援助、对外承包等货物又分为七大类，如免税商店或中标企业。在此重点讲的是未实际离境的货物，如报关出口销售到出口加工区、保税港区等海关特殊监管区域的货物，也就是出关不出境。出口企业销售给以下七类海关特殊监管区域内单位的货物，可以办理退税，统称特殊区域，见表 5 - 2。

表 5 - 2　特殊区域

1	出口加工区
2	保税物流园区
3	保税港区
4	综合保税区
5	珠澳跨境工业区（珠海园区）
6	中哈霍尔果斯国际边境合作中心（中方配套区域）
7	保税物流中心（B 型）

这七个特殊监管区域的业务可以用"一退三免一区别"概括。"一退"是区外企业的货物出口到特殊监管区域内的企业可以享受退税政策，这是获得税务总局认可的。"三免"是七个特殊区域内的企业出口到境外的货物实行免税，同时区内的企业之间业务往来也是免税，此外，加工区跟保税港区之间的企业业务也实行免税。"一区别"就是区外入区用于海关特殊监管区域和区内企业厂房等基础建设的基建物资，不签发出口报关单。对区外企业销往区内的上述货物，税务机关应按规定征税，不办理出口退税。

二、出口免（退）税的计算方法

根据 96 号文要求，电子商务企业出口货物同时符合下列条件的，适用

— 113 —

增值税、消费税免（退）税政策。①电子商务出口企业属于增值税一般纳税人并已向主管税务机关办理出口免（退）资格。②出口货物取得海关出口货物报关单（出口退税专用），且与海关出口货物报关单电子信息一致。③出口货物在免（退）税申报期截止之日内收汇。④电子商务出口企业属于外贸企业的，购进出口货物取得相应的增值税专用发票、消费税专用缴款书（分割单）或海关进口增值税票且上述凭证有关内容与出口货物报关单（出口退税专用）有关内容相匹配。财政部、税务总局明确不予免（退）税或免税的货物除外。

增值税有两种，一种是针对外贸企业的退税，另一种是针对生产企业的免（退）税。退税是对出口货物免征增值税，相应的进项退税。外贸企业货物出口后，对出口额是免税的，相应取得的进项，税务局进行退税。

外贸企业出口退税计算流程有两种方式，第一种是外贸企业购进原材料，让生产企业进行加工，再从生产企业购回，再出口，这样出口是免税的；然后根据生产企业开出的增值税发票，税务机关进行退税。第二种是外贸企业直接购进产品并出口，有增值税发票，再到税务机关办理退税。大部分企业采取第二种方式。

免抵退税是生产企业出口自产货物和视同自产货物及对外提供加工的部分免征增值税，相应进项税额抵减应纳增值税额，未抵减完的部分予以退税。视同自产产品就是生产企业外购的产品符合税务局规定，认定是自产产品。

所谓"免"税就是生产企业购进原材料后，自己加工或委托加工，将产品出口到国外，税务局对这部分销售额进行免税。所谓"抵"就是生产企业出口的产品有进项，这个进项可以抵消内销销项税额。

消费税也是两种情况，一种是免税，另一种是退税。免税有两种情形，一是出口企业出口或视同出口适用增值税免税政策的货物免消费税。二是对生产企业出口的货物一律免征消费税，生产企业自产货物在国内应征消费税的出口后也实行免税。退税也分两种情况，一是外贸出口企业购进消费品应退还其所缴消费税，二是生产企业出口外购视同自产消费品的可得到退税。

1. 出口免（退）税规定

"税务总局 2013 年 3 月 27 日发布《关于（出口货物劳务增值税和消费税管理办法）有关问题的公告》（2013 年第 12 号，以下简称公告），细化和完善了 2012 年出台的《出口货物劳务增值税和消费税管理办法》（税务总局公告 2012 年第 24 号，以下简称管理办法）有关条款，废止了管理办法及有关申报表中外汇核销单的内容，明确了 15 种不予免（退）税、适用增值税征税政策的情形。除已明确执行时间的规定外，公告中的其他规定自 2013 年 4 月 1 日起执行。

"公告修改完善的主要内容有：针对货物贸易外汇核销制度改革取消出口收汇核销单，废止了管理办法及有关申报表中外汇核销单的内容；将生产企业已申报免抵退税但发生退运或改为实行免税或征税的处理方式，由管理办法中本年度采用负数冲减、跨年度采用追回已免（退）税款的方式，统一为全部采用负数冲减的方式；修改了生产企业进料加工出口货物免抵退税申报和手册核销的相关规定；完善了委托出口货物《退运已补税（未退税）证明》的开具流程。

"公告进一步细化明确的主要内容有：进一步明确了办理退税和免税申报的时限。把退税申报逾期的情形明确为'超过次年 4 月 30 日前最后一个增值税纳税申报期截止之日'，把未在规定期限内申报免税的情形明确为'未在报关出口之日次月至次年 5 月 31 日前的各增值税纳税申报期内填报《免税出口货物劳务明细表》，提供正式申报电子数据，向主管税务机关办理免税申报手续的'。进一步细化和明确了纳税人办理退税、免税业务时，需提供有关资料的要求。同时，进一步细化了企业免（退）税办法变更的要求和管理规定。

"公告增加的主要内容有：根据出口退税政策规定，细化了有关出口退税管理规定，包括增加了按照（财税〔2012〕39 号）文件规定实行先退税后核销的交通运输工具和机器设备的申报、核销免抵退税的具体办法；补充了对边境地区出口企业以边境小额贸易方式代理外国企业和外国自然人报关出口货物实行简化的备案办法的规定；将税务总局 2011 年第

18 号公告内容纳入进来。增加了优化出口退税服务的有关规定，包括企业可在退税正式申报前预申报，电子信息不齐的出口业务也可办理退税正式申报，规定了出口企业因特殊原因无法在规定期限内取得单证申报退税、申请延期申报的适用情形和办理程序等。增加了规范企业办理出口退税、免税业务的管理规定，以及防范骗取出口退税的有关管理规定，包括明确了 15 种不予退税、适用增值税征税政策的情形，以及暂不办理退税的 3 类出口业务和 1 类出口企业；明确了经税务机关审核退税发现疑点，企业应按照主管税务机关的要求接受约谈，提供书面说明情况，填写并报送自查表；规定了出口业务存在疑点需要进一步核查的，对所涉及的退税采用暂不办理、提供担保等措施。"❶

2012 年 7 月 1 日开始实施的管理办法，是对退税管理政策力度最大的一次调整，全面清理和规范了既往的出口退税政策，进一步明确了出口退税货物的条件、范围、计税依据、退税率、申报时限和申报要求等内容，把部分未按规定申报办理退税的出口货物由征税调整为免税，同时放宽企业申报退税期限，由原定 90 天调整为最长 470 天（从出口之日算起）。管理办法发布后，国家外汇管理部门改革了货物贸易外汇核销制度，取消了用于申报退税的出口收汇核销单。优化出口退税流程、加强出口退税管理办法也做了相应调整。

2. 消费税的退税率

根据国家税收政策和进出口税则的调整情况，税务总局 2018 年 1 月 14 日编制了 2018A 版出口退税率文库（以下简称文库），2018 年 4 月 11 日编制了 2018B 版出口退税率文库。文库放置在税务总局可控 FTP 系统 "程序发布" 目录下，各企业及个人可登录税务总局网站下载查询，此处将不再赘述。❷

---

❶ 引自《中国税务报》2017 年 3 月 27 日电子版，税务总局网站 WWW. chinatax. gov，cn.

❷ http：//www. chinatax. gov. cn/n810356/n3255681/c3436627/part/3436652. jpg.

3. 计税依据

电子商务企业出口货物的增值税免（退）税的计税依据是具体计算应免（退）税款的依据和标准。按出口货物劳务的出口发票（外销发票）、购进出口货物劳务的增值税专用发票、海关增值税专用缴款书确定。

生产企业出口货物应免（退）增值税税额的计税依据，为"离岸价格"。实际离岸价格应以出口发票上的离岸价格为准，但如果出口发票上不能反映实际离岸价，主管税务机关有权予以核定。企业实际出口计价方式主要分两大类，一是到岸价，二是离岸价，到岸价又分为 C&F 价和 CIF 价。CIF 价含有运费和保险费，而 C&F 价只含有运费。如果企业是按照到岸价格成交的一定要换算成离岸价格。如果以 CIF 价成交的就扣除海运费和保险费。如果是以 C&F 价成交的，就扣除海运费。例如，某企业 2017 年 6 月出口一批纺织产品，成交金额是以 CIF 成交 100 万元，海运费是 2 万元，保险费是 1 万元。假设无其他业务发生，同时，退税率 17%。这样计税依据是以 FOB 价格，CIF 含有海运费又含有保险费，所以计税依据就是 100 万元减去 2 万元，再减去 1 万元，就是 97 万元。用这 97 万元参与免抵退税计算，即 97 万乘以 17% 等于 16.49 万元。

外贸企业的计税依据根据购进出口货物增值税专用发票注明的金额或海关进口增值税缴费书标明的完税价格。从国外购进货物又出口的，可以凭海关进口增值税专用缴款书注明的完税价格来申报免（退）税。例如，从日本购进一批货，购进时海关收税开出进口增值税专用缴款书，直接出口到美国，海关会给报关单，退税时要拿的是专用缴款书。再比如：某外贸公司 7 月份购入服装出口，购入 10 万元，税款为 1.7 万元，服装退税率为 17%。外贸企业的出口退税率为 17%，征税率也为 17%。计税金额就是购进金额，直接乘退税率。该外贸公司的出口退税就是 10 万元乘以 17% 等于 1.7 万元。

4. 收汇管理要求

按照税务总局的要求，出口企业申报免（退）税的出口货物，须在免（退）税申报期截止之日内收汇，并在免（退）税申报期截止日内提供收汇资料。有下列情形之一的出口企业，在申报免（退）税时，对已收汇的出口货物，提供该货物银行结汇税单等出口收汇凭证，其他出口企业申报的出口货物免（退）税，可不提供出口收汇凭证。

外贸企业收汇的依据是购进出口货物增值税专用缴款书，例如，从日本购进一批货，购进时海关收税开出进口增值税专用缴款书，直接出口到美国，海关会给报关单，退税时要拿的是专用缴款书。按照国税局的要求，出口企业关于申报退免税的出口货物需在退免税的期限内收汇，因为免税是有期限的，并在免税申报期提供收汇资料。

以下情形需要每次都提供结汇水单，有五大类，一是被外汇管理部门列为 C 类企业的，二是被海关列为 C 类企业的，三是被税务机关评定为低级纳税行为等级的，四是向主管税务机关申报的不能收汇的原因加大，五是向主管税务机关提供的税务单是冒用的。

若未在规定时间内结汇的，处理方式包括：一是出口企业申报免税的货物不能收汇或不能在出口货物免税申报期内申报的适用免税政策；二是在申报期限内向相应机关出示《出口货物不能收汇申报表》并提供附件，所列原因对应的材料经主管税务机关审核后适当处理；三是合同约定的最终日期在进出口免税截止之日之后的，出口企业应在收汇次日的申报期内向主管部门提供收汇凭证，不能提供的，对应的出口货物不能享受增值税免税政策。

5. 未在规定时间收汇的处理

税务总局对未在规定时间收汇的处理如下：

①出口企业申报免税的货物，不能收汇或不能在出口货物免税申报期的截止之日内收汇的出口货物，适用增值税免税政策。

②在免税申报期截止之日内，向主管税务机关报送《出口货物不能收汇申报表》，提供附件 2 所列原因对应的有关证明材料，经主管税务机关审核确认后，可视同收汇处理。

③合同约定全部收汇的最终日期在出口免税申报期限截止之日后的，出口企业应在合同约定最终收汇日期次月的增值税纳税申报期内，向主管

税务机关提供收汇凭证，不能提供的，对应的出口货物不适用增值税免税政策。

三、跨境电子商务零售出口免（退）税业务办理规定

跨境电子商务零售出口免（退）税业务的办理流程如下所示，具体见图 5 - 2。

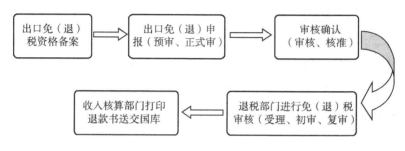

图 5 - 2　出口免（退）税业务办理流程

出口企业出口后首次申报时，到国税部门办理出口免（退）税资格备案，办理免（退）税资格备案的单据报告、单据信息，提交发票。经过预审，正式申报后将电子数据和资料提交至国税部门。国税部门收到后要经过受理、初审、复审，审核通过后，呈交税务分管领导审批、审核。经过确认由收入核算部门打印退款书，交国库，办理退税。

这是一个简单的流程，其中要注意三个方面的内容。

①企业应在货物报关之次日起至次年的 4 月 30 日前各增值税纳税申报期内收齐有关凭证，向主管税务机关申报办理出口货物增值税免（退）税及消费税免（退）税申报，2017 年出口的产品必须在 2018 年 4 月 30 日前的纳税申报期内收齐有关凭证。如果在此期间内未收齐凭证，税务机关不予受理。企业不能享受免（退）税政策。

②外贸企业和生产企业的申报有差别性。生产企业每个月在申报期内只能申报一次，而外贸易企业不同，外贸企业一个月可分几个批次申报。所以经税务机关批准，外贸企业可以不受纳税申报期申报批次的限制。

③出口免（退）税的资格不限，出口企业或相关单位应于首次申报出口免（退）税时向主管税务机关提供下列资源，办理出口免（退）税申报

手续申请退税。填写真实、完整的出口免（退）税量表，加盖备案登记专用章的对外贸易经营者备案登记表，或中华人民共和国外商投资企业批准证书、中华人民共和国海关进出口货物收发货人报关登记证书、企业退税财务银行账号，其中退税财务银行账号应从税务登记的银行账号中选择一个填报。主管税务机关要对出口企业或其他单位提供的出口免（退）税备案资料，出口免（退）税备案表填写内容是否符合要求进行审核。签字印章完整的主管税务机关应当场备案，不允许过后再进行备案。对不符合上述要求的主管税务机关应一次性告知其企业或相关单位。首次申报出口免（退）税的企业可以先出口，无须到国税机关办理出口退税备案，出口后准备申报免（退）税时再到税务机关办理出口免（退）税备案即可。但是备案期限也有时间限制，即在次年4月份的纳税申报期内。

出口免（退）税所需单证，主要有以下几类：增值税专用发票、税收出口货物缴款书、出口货物过关单（出口查验/放行通知书）、出口货物报关单、出口收汇核销单及出口发票等。

①增值税专用发票需要认证，认证期限是360天。发票必须要认证相符，方可给企业办理退税。如增值税专用发票丢失须遵循以下章程办理：首先是发票联和抵扣联共同丢失，企业凭增值税专用发票抵扣联复印件，即可到税务机关办理退税。发票抵扣联丢失而发票联未丢失的可拿发票联复印件到国税部门办理退税。增值税专用发票上的产品名称、单位必须与报关单的产品名称、单位相符。如不相符，税务机关不予办理退税。

②出口货物缴款书。自2014年6月1日起，税务总局取消增值税业务缴款书。企业无须提交，但企业购进货物涉及消费税时，须配专用缴款书，凭此证书退缴还税。

③出口货物报关单。依据海关总署2016年第26号公告《关于跨境电子商务零售进出口商品的有关监管事宜的公告》，自2016年5月1日起海关取消出口货物过关单（纸质版），只根据电子数据给企业办理退税，电子数据比对相符，即可办理退税。

④出口退税核销单。自2018年4月1日取消纸质核销单，税务机关只需审核电子信息即可。国家外汇管理局自2011年12月1日起不再审核企

业出口纸质核销单及相应的电子信息，电子信息也无须审核。

⑤出口发票。出口发票就是国税机构统一要求的普通发票，这是所附的单证。

⑥箱单、合同、提单扫描件也需要提供给税务机构，用于办理申请退税手续。

出口免税业务办理的规定如下：

出口免税申报时限。出口企业和其他单位在报关出口之日的次月至来年5月31日前的各增值税纳税申报期内填报《免税出口货物劳务明细表》"免税货物销售额"，提供正式申报电子数据，向主管税务机关办理免税申报手续。免税的申报期限比退税晚一个月。免税申报需要提供的资料为出口货物报关单、出口发票，属购进货物直接出口的，还应提供相应的合法有效的进货凭证。合法有效的进货凭证包括增值税专用发票、增值税普通发票以及其他普通发票、海关进口增值税专用缴款书、农产品收购发票、政府非税收入票据。

税务总局公告2013年第65号，关于《出口货物劳务增值税和消费税有关问题的公告》（以下简称65号文件）规定，自2014年1月1日起，出口企业或其他单位出口适用增值税免税政策的货物劳务，在向主管税务机关办理增值税、消费税免税申报时，不再报送《免税出口货物劳务明细表》及其电子数据。出口货物报关单、合法有效的进货凭证等留存企业作为备查资料，应按出口日期装订成册。即自2014年1月1日起，免税的出口货物企业无须到国税局出口退税部门进行单独免税申报，只是在增值税纳税申报表中的免税栏体现出来，但是相应资料企业需留存备查，按规定装订成册，以备国税局定期进行检查。

第四节 国际贸易"单一窗口"制度

当前，全球经济一体化进程不断加快，国际物流业快速发展，国际贸易的环境发生很大变化，各个口岸进出口货物的运量呈几十倍的增长，这对我国国际贸易便捷化提出了更高的要求，特别是对现代化管理模式提出了挑战。在这种背景下，联合国、亚太经合组织、WTO（世界贸易组织）等都先后提出了建设"单一窗口"的要求。

2004 年 9 月，联合国下设的机构即贸易便利化和电子商务中心通过 33 号建议书，提出了建立国际"单一窗口"的构想，建议各国政府将建立"单一窗口"作为加快国际贸易的重要措施来落实。2006 年 9 月，亚太经合组织也通过议案决定成立澳大利亚项目合作组的"单一窗口"，专门研究建立"单一窗口"项目的倡议规划。2013 年《WTO 贸易便利化协定》巴厘岛文本，提出各成员国应该建立"单一窗口"来简化通关手续和降低通关费用。

世界银行调研报告显示，在接受调查的 150 个经济体中，60 多个经济体都引入了"单一窗口"。世界主要发达国家积极推动本国"单一窗口"建设，中国周边和"一带一路"沿线国家也都在积极行动。"单一窗口"为各国政府和贸易双方都带来了可观的效益，已经成为国际贸易改革的新浪潮。中国于 2013 年在 WTO 贸易协定法定的文本中做出承诺，2017 年将全面建成国家的"单一窗口"。

"单一窗口"的英文简称为 IDGS，是 2005 年由联合国发起的旨在促进贸易便利发展的措施。国际上一般采用联合国对"单一窗口"的定义，即"单一窗口"是使国际贸易和运输相关各方在单一登记点递交满足全部进口、出口和转关相关监管规定的标准资料和单证的一项措施。如果为电子报文，则只需要一次性提交各项数据。

一、"单一窗口"发展的五个层次

从目前建立"单一窗口"的情况上看，"单一窗口"分为五个层次。

第一个层次是部门的"单一窗口"，即各口岸相关管理部门的信息化系统或者无纸化系统，这是建立"单一窗口"的基础条件。

第二个层次是口岸执法的"单一窗口"。包括海关、质检、公安、工商、环境、交通、民航、税务、外汇管理和财政这些基层单位和有关部门。

第三个层次是口岸服务的"单一窗口"，即集成了港口码头、物流商务、船代、货代等信息系统，为企业提供综合性服务。

第四个层次是"国家或地区的电子物流平台"，是"口岸服务单一窗口"的升级版，进一步集成口岸贸易全链条有关的金融服务、物流商务等所有服务。这一层级建设在我国体现很明显，原来国家只在南方的很多城市建设"单一窗口"，其他地方国家在一个省最多建设一个"单一窗口"。现在国家建设"单一窗口"标准版是，整个国家就一个"单一窗口"。从国家"单一窗口"程序来讲，平台越挤，集中部门越多，对平台的性能发挥作用越好。

第五个层次是"跨国家跨地区的贸易平台"。是指在国家与国家之间开展跨国家或跨地区的"单一窗口"互联互通，实现区域性"单一窗口"。"单一窗口"的互联互通对贸易的便捷化非常有利。

我国目前重点建设的是口岸执法"单一窗口"和口岸服务"单一窗口"。已建成"单一窗口"的国家的运营模式主要分为三种：第一是单级机构层面上的，由一个机构来处理机主的业务，系统在收到机主的贸易申请之后，直接进行业务处理，这是单级机构的。第二是单一系统的模式。比如，在美国，就是只进行相关贸易的收集和分发，各政府部门有进行业务处理的系统，这个系统只是相关数据的分发。第三是数据平台模式。这种模式以新加坡为代表，实现数据的收集和反馈。企业仅需要填写一张电子表格就可以向不同的部门申报，申报经过各级部门业务处理之后，自动通过单击窗口反馈到企业的计算机上。各个国家"单一窗口"的建成模式取决于这个国家的口岸。机构可能只有一家在处理这个事情，不涉及其他部门，是单级机构。我国建成的口岸体系比较多，包括海关、外汇、边检等。目前我国采用的是公共平台模式。"单一窗口"还有一个建设模式，因为"单一窗口"不仅是系统的补充，也是业务的运行，从目前正在建设中的国家来说，模式有政府出资的，也有通过 PPP 的，也有企业自建的。除了瑞典和印度尼西亚之外，其他国家对"单一窗口"基本采用收费模式。我国建设"单一窗口"时间短，通过"单一窗口"申报的业务，全部采用免费模式。

二、"单一窗口"的优势

建设"单一窗口"具有降低成本、减少负担、数据准确、效率提升和程序便利的优势。以新加坡为例，新加坡实现国际贸易"单一窗口"申报后，企业节省40%~60%的成本，政府节省50%左右的成本。现在新加坡的企业通过新加坡"单一窗口"进行贸易的平均费用为3000亿新元，之前是15万亿新元，仅有原来的20%，仅申报费用每年就为企业界节省10亿美元，当然"单一窗口"不仅解决了企业的成本费用问题，还有其他一些便利。根据联合国贸易便利和电子商务提供的数据，如果全世界都实现国际贸易"单一窗口"，每年可为世界上的国际贸易界节省10000亿美元。实际贸易过程中，还可以节省人力成本资源、交通成本资源和行动成本。参与国际贸易的公司都要遵守进口、出口、转口等相关的规定，需要编辑相关的大量的资料交给政府，给政府和企业都造成了一系列负担。实行"单一窗口"之后，贸易商只需要一次性就可以完成，大大减轻了贸易商的负担。新加坡作为一个地理位置比较特殊的国家，它的报关大厅原来有134名工作人员，全面实行"单一窗口"制度之后，现在的报告大厅仅有一名工作人员，"单一窗口"使效率大大提升。企业结合相关公司通过国际贸易在逐步实现信息共享和电子数据交流，在大幅提高效率、减少负担的数据准备基础上，工作效率得到很大提升。根据东盟实现"单一窗口"的国家统计，按照传统的数据，进出口企业办理业务，一单业务有时需要10~12天，而新加坡的企业通过"单一窗口"只需要10分钟。97%的报关通过自动配对，10秒就可以办理完毕。从这一点看，无论是企业还是政府，工作效率都得到了很大的提高。国际贸易"单一窗口"彻底改变了新加坡国际贸易的单证处理流程，新加坡也把它作为一个提升自己竞争力的、战略性的国家形象工程。但是我国的"单一窗口"建设与发达国家相比还有差距。2017年要求企业通过"单一窗口"申报覆盖率为30%，这比率低于世界上其他发达国家。这也说明我国的"单一窗口"建设还有待进一步优化和提升。

三、国家对"单一窗口"建设的有关要求

党的十八大和十八届三中全会以来，党中央国务院针对新时期我国对外贸易发展的需要，就我国"单一窗口"建设做出了一系列决策和部署，要求立足电子口岸加快全国"单一窗口"建设，促进外贸稳定发展，并将其作为我国推进新一轮高水平对外开放的重要措施之一。近几年来，国家为推动"单一窗口"建设，先后出台了很多文件。

《中共中央国务院关于构建开放型经济新体制的若干意见》，在此文件中提出了要加快国际贸易"单一窗口"建设，口岸管理相关部门"联合查验、一次放行"等通关新模式要在全国全面推行；依托电子口岸平台，推动口岸管理相关部门作业系统横向互联，建立信息共享共用机制。这是中共中央国务院的构建开放信息平台的有关意见。这个文件层级比较高，要求也比较具体。

《中共中央关于制定国民经济社会发展第十三个五年规划的建议》，在该建议中就提出全面实施"单一窗口"和通关一体化。有关"单一窗口"的建设已经列入国家市场规划。

《2016 年政府工作报告》，该报告提出了推行贸易便利化，全面推广国际贸易"单一窗口"。

《2017 年政府工作报告》也提出在全国推广国际贸易"单一窗口"，实现通关一体化。"单一窗口"建设因其发展的重要性连续两年列入全国人大的政府工作报告。

《国务院办公厅关于支持外贸稳定增长的》意见（国办发〔2014〕19号），文件提出提高贸易便利化水平，实现国际贸易"单一窗口"受理，实现口岸部门和地方政府信息共享。

《国务院关于印发落实"三互"推进大通关建设改革方案的通知》（国发〔2014〕68 号），提出强化大通关协作机制，实现"三互"，推进"单一窗口"建设，实现申报人通过"单一窗口"向口岸管理相关部门一次性申报，口岸管理相关部门通过电子口岸平台共享信息数据、实施职能管理，执法结果通过"单一窗口"反馈申报人。

《国务院关于改进口岸支持外贸发展的若干意见》（国发〔2015〕72号），提出加强沿边、内陆、沿海通关协作，依托电子口岸平台，推进沿边口岸国际贸易"单一窗口"建设。

《国务院批转国家发展改革委关于2016年深化经济体制改革重点意见的通知》（国发〔2016〕21号），提出推进电子口岸建设，制定"单一窗口"工作方案和相关制度。

《国务院关于促进外贸回稳向好的若干意见》（国发〔2016〕27号），提出2016年年底前将国际贸易"单一窗口"建设从沿海地区推广到有条件的中西部地区，建立标准体系，落实主体责任。

《国务院关于做好自由贸易试验区新一批改革试点经验复制推广工作的通知》（国发〔2016〕63号），提出将"依托电子口岸公共平台建设国际贸易单一窗口，推进'单一窗口'免费申报机制"，列入全国范围内复制推广的12项改革事项之一。

此外，国务院口岸工作部级联席会议审议并印发《关于国际贸易"单一窗口"建设的框架意见》。

这11个文件能够体现国家层面对"单一窗口"建设工作的重视。习总书记在"一带一路"国际合作高峰论坛发表主旨演讲时指出，"贸易是经济增长的重要要引擎，我们要有'向外看'的胸怀，维护多边贸易体制，促进贸易和投资自由化、便利化。"李克强总理在2015年3月18日和7月15日、2016年4月20日，以及2017年5月24日等多次国务院常务会议上，都提到要推进全国一体化通关，加快助力国际贸易"单一窗口"建设，按照标准版去实现全国所有口岸覆盖，加强数据共享，深化协作共管。2016年11月22日，李克强总理上海调研时称赞"单一窗口"在当前全球进出口贸易萎缩情形下，为扩大我国进出口贸易打造了新亮点。汪洋副总理在全国口岸"三互"大通关工作推进会上和国务院口岸工作部级联席会议等场合，多次讲话要求加快统筹推进国际贸易"单一窗口"建设，既要确保建设进度，也要抓好顶层设计。国务院要求，2015年底在沿海口岸，2017年在全国所有口岸建成"单一窗口"。

四、山东"单一窗口"建设推进情况

山东电子口岸成立于 2015 年，以建设符合国际"单一窗口"建设管理规则和通行标准、适应经济社会发展需要的中国特色"单一窗口"为目标，是山东省政府面向社会提供的、以口岸通关执法管理为主，逐步向相关物流商务服务延伸的大通关、大物流、大外贸的统一信息平台。山东省"单一口岸"官方网站为：http://www.singlewindow.sd.cn/index.html。

基本功能是采取电子报文方式，使国际贸易和运输相关方在一个电子窗口提交满足全部进口、出口和转口相关监管规定的标准资料数据和单证，口岸监管部门处理状态（结果）通过"单一窗口"平台反馈申报人，实现国际贸易申报"一个平台、一次递交、一个标准"，以及口岸管理部门"信息互换、监管互认、执法互助"。

山东电子口岸按照"政府主导，多方参与"的建设运行机制，由山东省口岸领导小组领导；山东省口岸办承担规划指导、协调推进工作；青岛海关、济南海关、山东省公安边防总队、山东省出入境检验检疫局、山东省海事局、山东省商务厅、山东省交通运输厅、山东省国税局、国家外汇管理局山东分局、山东省贸促会等部门及港口、航运公司、机场、航空公司、铁路、邮政等口岸经营单位联合共建。

由"单一窗口"门户网站、口岸数据交换系统、口岸基础数据库、跨部门口岸政务服务系统组成的山东电子口岸积极遵循信息化设施共建共享、避免重复建设的理念，依托省级电子政务公共服务云平台，通过云共享方式，搭建山东电子口岸。通过国家电子政务外网与相关部门实现数据交换，通过互联网为用户提供服务。

2015 年 2 月，山东省政府常务会议审议并通过以实现"单一窗口"为目标的《山东电子口岸建设方案》，该方案以省政府办公厅的名义印发全省。2015 年 10 月，山东国际贸易"单一窗口"上线试运行，首期上线一般货物申报、运输工具抵离境、跨境电商综合服务平台，该窗口基本具备了货物报关、报检申报、船舶进出境向海关和海事的申报以及跨境电商申报等功能。2016 年 4 月，青岛跨境电子商务综合试验区获批后，按照"两个平台，六大体系"的总体架构，建设运行了跨境电商"单一窗口"。2017 年 1 月，山东省跨境电商"单一窗口"成功对接海关总署进口统一版。2017 年 8 月，根据国家对"单一窗口"顶层设计的框架意见，以及标准版建设推进情况，山东省及时调整完善建设思路，进行多次更新迭代，对接国家标准版。

按照"单一窗口"标准版要求，现在山东省共完成七个系统即货物申报系统、原产地证申报系统、舱单申报系统、企业资质办理系统、农药许可证申请系统、野生动植物申请系统和有毒化学品环境管理系统的对接和功能建设。在国家标准的基础上，山东省开始有自己的实践，称为自选动作，主要包括跨境电商"单一窗口"、市场采购联网信息平台、旅游购物贸易方式和进出境交通工具联检系统。其中市场采购联网信息平台主要设在临沂市。

截至 2017 年 6 月底，山东省完成标准版 7 大基本功能建设，包括货物申报、舱单申报、运输工具申报、许可证件申领、原产地证书申领、企业资质办理、查询统计。实现了 8 个部门对接，包括公安部、环境保护部、交通运输部、农业部、商务部、海关总署、质检总局和林业局，共提供服务事项 107 项。截至 2017 年 11 月底，完成了税费支付、出口退税各项基本功能。2017 年年底，实现了"单一窗口"标准版全部九大基础功能在全国所有口岸全覆盖，打通关服务流程，实现企业一点接入、一次申报和一站式业务办理，进一步优化通关流程，提高通关效率，促进贸易便利化。

五、"单一窗口"系统

1. 货物申报系统

外贸企业最担心的就是货物申报。"单一窗口"货物申报系统无须专业组建，登录网站即可录入及申报。舱单信息一键调取，实时查询预配、运抵信息，动态掌握订单报关状态。对接企业 ERP 系统，无须手工录入，实现数据无缝传输。既可以对接生产企业也可以对接报关企业，与生产企业 ERP 对接后，数据发送"单一窗口"，生产企业可以选定报关行委托报关。同时，货物申报系统还提供报关单标注数据规范，开放报关单、报文数据上传接口，并实时获取海关相关信息，提高企业退税效率和资金周转。系统界面设计符合 QP 系统录入习惯，录入效率与 QP 系统基本无异。

2. 舱单申报系统

2017 年 11 月，山东"单一窗口"通过 Rest 服务集成模式与标准版完成舱单系统对接。11 月 23 日，舱单系统日申报数据 8 万单左右，山东省舱单申报数据覆盖率达 100%。

3. 市场采购联网信息平台

2017 年 2 月 8 日，中国（临沂）跨国采购中心有限公司通过山东国际贸易"单一窗口"完成市场采购转关前报关的首单申报，并成功放行，标志着临沂市场采购贸易联网信息平台与山东国际贸易"单一窗口"实现了系统无缝对接，避免了数据重复录入，减轻了用户申报录入工作，极大地提升了通关效率。

国际贸易"单一窗口"是口岸管理相关部门申报信息、物流监控信息、查验放行信息等数据的共享平台。使用该平台，企业减少了重复录入工作，口岸管理部门也由以前的串联执法变成并联执法，有效提升了贸易便利化。

六、"单一窗口"建设成效

2017 年 7 月山东省纳入国际贸易"单一窗口"标准版扩大试点，青岛海关将推进"单一窗口"建设作为落实国家重大决策部署以及服务山东新旧动能转换和新一轮高水平对外开放的重要措施，全力组织推动、推介宣传、优化系统、保障运行。青岛海关在全国第一个正式启动"平台对平台"的"单一窗口"舱单申报接口，为报关平台企业调通"单一窗口"客户端导入接口，指导完成调试切换，让企业尽快享受"单一窗口"红利。统计数据显示，自 2017 年 7 月纳入试点范围，截至 2017 年年底，山东国际贸易"单一窗口"标准版报关单、舱单申报量分别达到 17.4 万票和 227.4 万票，日报关覆盖率最高为 48.8%，舱单覆盖率 100%，日综合申报量居全国首位。

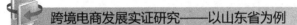

中国（山东）"单一窗口"对外开放接口，可以与企业 ERP 系统、港口 EDI 系统、关检监管平台、外贸综合服务平台、船公司订舱系统、金融机构支付系统等直接对接，避免多次录入错误，提升通关效率。以往报关时需要办理 50 余种证件，涉及 20 多个部门，同时需要现场办理，多系统操作。现在通过"单一窗口"申报业务缩减了中间环节，企业只需要在平台申请，办理状态实时推送，实现数据共享、联网核查与协同，通关信息共享。以往企业需要登录多套应用系统，输入 1113 个数据项，企业要手动制表、校对，并且现场办理，需要 2 天的时间。通过"单一窗口"，只需要登录一套系统，录入 338 个数据，系统可以进行自动校对，全程在线办理，极大地提升企业的用户体验。

七、跨境电商"单一窗口"

从一定意义上讲跨境电商"单一窗口"也是国际贸易"单一窗口"的一部分。山东省对跨境电商新模式非常重视，跨境电商"单一窗口"建设主要经历了以下阶段。2016 年 4 月 28 日，青岛综试区"单一窗口"实现运行。2016 年 6 月 13 日，随着国家跨境电商政策的调整，跨境电商的"单一窗口"陆续对接青岛海关、济南海关和山东省出入境检验检疫局跨境电商系统。2017 年 1 月 1 日，山东省跨境电商"单一窗口"成功切换省级海关进口统一版，正式接受跨境相关企业对接进口统一版跨境系统。2017 年 3 月，山东省跨境电商"单一窗口"实现与济南关区进口统一版对接。2017 年 7 月，山东跨境电商"单一窗口"实现与质检总局对接。

（一）跨境电商"单一窗口"功能、特点及对接流程

跨境电商"单一窗口"有以下特点：第一，可以实现 Excel 导入、电子口岸客户端、Https 接口三种报文传输方式，企业通过自己的系统可以选择一种方式。第二，检验检疫备案包括企业备案和商品备案。第三，对海关、检验检疫、公安、税务，实现关检申报、退税单点登录。第四，提供综合查询、物流查询、统计分析、HS 编码查询、简化归类以及跨境商品清单查询的功能。

跨境电商"单一窗口"对接流程为：注册"单一窗口"账号；开通跨境电商"单一窗口"系统权限；与"单一窗口"沟通对接方式（Https 接口对接、安装"单一窗口"报文传输客户端、Excel 导入）；获取山东电子口岸提供的海关进口统一版报文规范，获取检验检疫总局跨境电商报文规范：http://www.itownet.cn/cbec/spce/index.html；跨境电商对接系统联调测试（接口对接和客户端由"单一窗口"技术人员协助完成）；正常作业、传输报文。

（二）跨境电商"单一窗口"业务处理能力

2017 年 1 月 16 日，山东跨境电商"单一窗口"实现切换跨境进口统一版后首单申报。2017 年，山东跨境电商"单一窗口"已与 178 家跨境电商企业进行对接。其中，开展业务企业 65 家。通过跨境电商"单一窗口"传输订单、运单、交付单、清单、入库明细单共计 1204 万单，完成跨境进口清单申报 329 万单，跨境进口直购清单金额 4.6 亿元人民币。

为了配合青岛综试区 2018 年 1 月 1 日起开展跨境保税备货模式，按照 2017 年杭州关区"双十一"单日申报量（344.47 万单），山东"单一窗口"报文传输客户端进行升级和内测。目前，山东"单一窗口"服务端处理的最高峰值约为 1.8 万单/分钟，108 万单/小时，可以应对"双十一"期间杭州关区同等规模业务量，山东省"单一窗口"每日申报业务量跃居全国第一。

截至 2017 年 12 月 15 日，"单一窗口"已推广至全省 17 地市，注册企业数量为 4959 家，占全部代理和自理申报企业数量的 75%；"单一窗口"服务全省外贸企业 26500 多家，占全省外贸企业数量约 58%。这仅仅是山东跨境电商"单一窗口"的阶段情况，应该还在逐步完善之中。将来，会把系统功能逐步扩展，逐步完善优化系统，为外贸新常态和国际贸易提供更好的系统，"单一窗口"的建设始终在路上，会根据各部门的业务调整，随着业务发生变化不断地去优化和完善系统。山东的"单一窗口"将来一定会发展得更好，为山东的外贸注入一份活力，为山东的外贸企业提供更优质、更便利、更高效的服务。

第六章 山东省出口跨境电商
从业人员现状及人才需求

根据赛兔网发布的 2017 年度《全国电商从业人员调研报告》可以看出，中国出口从业人员主要居住在广东、浙江、上海、福建和北京。广东省有四个城市进入卖家前十。其中，深圳凭借其有利的地理位置和资源条件位列榜首，发展迅猛。金华因为其所辖的县级市义乌位列第三。在卖家性别比中，男女七三开的性别比例，说明是一个需要高度耗费体力的行业。三成女性从业人员中，大部分从事采购、客服、产品管理等职务。

从业人员中 20～40 岁年龄段占据九成以上，40～59 岁年龄段从业人员占据 7%，20 岁以下从业人员占据 1%。本科和高中文凭的从业人员最多，初中以下文凭的也占了 20%。早上 9 点达到卖家工作最高峰。上午 10～11 点和下午的 2～4 点也是卖家集中工作的时间，凌晨 1 点，依然有超过 10% 的从业人员还在然坚守岗位。

由全国数据可以看出，跨境电商行业是一个以年轻从业者为主的行业，电商企业多处于物流发达且具有良好商业氛围的城市。该行业对从业人员的学历要求不高，本科居多，甚至有高中毕业的从业人员。此外，该行业工作时间具有明显的高峰段，行业也具备一定的工作压力。

第一节 山东省出口跨境电商从业人员现状及需求

和全国数据相比，山东省出口（B2B）从业人员则呈现以下特点：在所调查的 184 家企业中，贸易型企业为 66 家，生产型企业为 51 家，工贸一体型企业为 67 家。其中，100 人以上企业 48 家。所有的企业均承认存在人才缺口；员工年龄主要分布在 20～29 岁和 30～39 岁；所有企业均希望聘用复合型人才，岗位为技术岗和业务岗；倾向于国际贸易、外语和国际物流专业；最低学历要求为本科；企业关注外语能力、业务操作能力、信息处理能力和交流沟通能力；重视责任心、吃苦耐劳和团队协作素质；希望人才具备外语知识、国际贸易知识和报关货运知识。

从山东省数据来看，B2B 模式下山东省的出口企业基本分为三种性质：贸易型企业、生产型企业和工贸一体型企业。工厂和贸易一体型的企业，具备货源充足和质量可控的优势，有利于企业转型升级。其中，工贸一体型企业最多，占比 39%。这说明，山东的企业具备转型和升级的能力，在全国电商市场具备一定的生产优势。

和全国数据相比，山东省出口（B2B）从业人员则呈现以下特点：企业一致认为应届生在实际操作和国际视野上尚有不足之处，45.11% 的企业认为从业人员语言实际运用能力需要提高；74.46% 的企业愿意参加培训来提高企业人员的能力和素质；43.48% 的企业对电商平台推出的培训最感兴趣；26.09% 的企业希望政府组织培训；80.98% 的企业期待能得到电商技术方面的指导；73.91% 的企业希望得到营销方面的指导；绝大多数企业认为高校要加强学生营销、实操技能和电商企业管理能力的培养。

山东省出口企业（B2B）对人才的要求为：本科或以上学历，复合型人才，兼具语言和业务操作能力；国际贸易和外语相关专业优先考虑；注重人才的外语应用、业务操作、信息处理和沟通能力；关注人才的敬岗爱业、团队合作和对企业的忠诚度。其中，企业特别重视员工对企业的忠诚度，这从侧面反映了企业存在人员流动性强的特点。

跨境出口电商所需要的人才，要熟悉产品的国际市场，具备使用外语进行良好沟通的能力。同时，跨境电子商务要求从业人员具备国际视野，较全面地了解当地消费者的生活方式、消费习惯，并且需要具备国际贸易、跨境物流的常识和各国相关的法律政策。当高校输出的人才无法和企业需求实现无缝对接时，企业会积极地对员工实行培训。

在调研中，可以发现企业对自身员工的培训非常感兴趣，全部被调查企业均表示愿意参加企业培训。同时，临沂大学与临沂市商务局共同调研的数据也表明，企业对政府和电商平台组织的培训更感兴趣。

由此可见，跨境电商行业是一个对实操性要求较高的行业。面对世界范围严峻的经济形势，企业也面临转型和升级的需求。因此，企业渴求复合型人才，也对本企业员工技能和素质的提升有迫切希望。

第二节　企业跨境电商从业人员培养策略

如今的跨境电子商务竞争日趋白热化，同行业之间除了在产品的质量和价格方面进行角逐外，越来越侧重于客户关系的管理。市场经济有一个真理——谁更关注客户，谁就会拥有更大的市场。实际上，客户关系维护在市场营销活动中是非常重要的工作，企业每天都会面对形形色色的客户，要赢得客户的心，并不是一件简单的事情。

跨境电子商务的兴起以及互联网在经济活动中的广泛运用，开创了全球性的商务革命和经营革命，并逐步成为一种极其重要的商务方式。随着跨境电商的兴起和网络购物的日益火爆，一个全新的职业——客服悄然兴起了。然而，由于网络购物还属于新兴行业，与传统商务模式的巨大差异，使得店铺客服人员需要新的服务手段才能适应。

一、客户服务和职业价值

在电子商务环境下，企业将客户服务过程移至互联网上，使客户能以更简捷的方式获得过去较为麻烦才能获得的服务，客户不再像以往那样受地域的限制。随着跨境电子商务的不断发展，网络店铺之间的竞争变得更加激烈。技术、产品、营销策略等优势很容易被抄袭和超越，而优质服务是产生差异的主要手段，因此服务才能形成持久的绝对竞争优势。客户服务的重要性主要体现在以下三个方面。

1. 客户服务成为竞争的主要手段

电子商务时代，互联网方便了卖家和买家的沟通，卖家的店铺系统能随时记录下每次访问、销售、购买形式和购货动态以及买家对产品的偏爱，这样卖家就可以通过统计这些数据来获知买家需求。卖家也可通过互联网进行用户调研，深入了解买家心声，掌握客户最想购买的产品是什么并进行改善，从而最终获得用户和市场的青睐。因此，客户服务已成为电子商务的主要竞争手段。

2. 客户服务质量影响客户的决策

根据艾瑞咨询对网上客户购买决策过程的研究，良好的店铺信用度、真实的售后服务保障和用户评论口碑已经成为影响客户网上购买决策的三大因素。在网上购物，由于客户只能通过商品图片、客服人员的介绍来比较鉴别、获得商品的具体情况，因此客户服务质量的高低直接决定了用户对卖家的信任度和评价。卖家的信用度及用户的评论口碑已成为客户选择店铺及商品的一个极为重要的因素。

在网络购物快速发展的同时，屡见不鲜的是网购欺诈、投诉无门、强制交易等问题，给网络购物蒙上了一层阴影，解决客户的投诉问题成为网络店铺待解决的头号问题。然而，相当部分的客户投诉实际上是由于客服人员服务不到位造成的，大部分问题在投诉出现前，都可以通过客服的良好服务得到解决。因此，良好的售后服务也是每个网络店铺凸显自己优势的关键点。

对网购现状加以分析，不难发现：网购未来发展趋势将从销售商品向销售服务转变；从标准化服务向个性化服务转变。

二、客服的职业要求

联系网店和客户之间的枢纽就是店铺客服，一旦这个枢纽没有起到应有的作用，客户就会流失，销售就会受到影响。客服的工作内容为以下九个部分。

1. 熟悉自己店铺的商品信息

熟悉自己店铺的商品信息是客服人员最基本的工作。客服人员对于产品的质量、性能、注意事项等要做到耳熟能详，只有如此才可以面对客户提出的各种关于产品的问题进行详尽的解答。作为公司应该在每一件新品上市以前对客服人员进行新产品知识的相关培训。

2. 关注商品库存数量

在网络电商页面上的库存有时与公司实际库存是有差别的，客服人员应该及时到系统中查看，将商品与实际库存量进行比对做到心中有数、账库相符。

3. 为客户提供导购服务

客服最重要的工作是与客户的沟通工作，作为导购客服来说，个性应该外向、活泼、积极主动。一个出色的客服人员的工作不单单是知道怎样接待客户，更重要的是能够主动吸引、劝导消费者进行附带消费。客服人员与买家的沟通有下列两种方法：一是利用阿里旺旺，电子邮件或站内邮件与客户进行沟通，二是通过电话与客户进行沟通。电话沟通对客服提出了更高的要求，因为电话沟通会更加直接，没有时间进行思考，所以客服人员必须表现出其良好的专业素养及语言表达能力。

4. 与客户核对交易信息

不同的客户具有不同的习惯，有的客户粗心大意，经常会出现误填收件地址等信息的状况，作为客服人员要及时与客户核对一下收件信息，这样就可以减少很多麻烦，双方不会再因为地址等信息错误造成损失。

5. 更新客户订单的备注信息

当客户把自己订单信息或者收件信息进行修改，客服人员必须及时地将这种变化回馈给制单及发货人员，确保订单的正常完成。

6. 向客户发送"发货"和"催单"通知

当货物出库寄出之后，一定要给客户发消息，告知包裹已经邮出，这样客户会感觉店铺非常用心。有些客户可能下单后因为这样那样的原因忘记付款，可以给客户发个消息告知截单时间，这就是"催单"。

7. 客户评价

交易完成之后，买卖双方一般可以在交易平台上对本次交易进行相互评价，客服人员要想着给客户写个评价，这样可以为店铺做一个免费的广告。

8. 中、差评处理

很多卖家被店铺信誉度搞得欲哭无泪。中、差评不是魔鬼，中、差评并不可怕，可怕的是不去处理。当发现有中、差评的时候，客服人员应及时与客户进行沟通，了解是什么情况导致的中、差评，然后晓之以理、动之以情，一般客户都会修改评价的。对于一些期望通过恶意评价获得不当利益的客户，客服人员需要注意收集信息，以便为后面的投诉翻案收集证据。

9. 相关软件操作的学习

以上部分工作需要借助一定的软件才能完成操作。因此，需要学习和掌握常用的软件，如 ERP 管理工具。

第三节　山东省"新经济、新业态"
跨境电商人才培养试验区

近年来，随着计算机和互联网的普及和发展，企业纷纷开展电子商务，采用现代化信息手段拓展业务，"互联网＋外贸"的形式悄然兴起，传统外贸企业也积极转型升级。2013 年我国第一个上海自由贸易试验区成立、"一带一路"倡议的提出，同时传统外贸"集装箱"式的大额交易正逐渐被小批量、多批次的"碎片化"进出口贸易取代，推动了以在线交易为核心、便捷物流配送为优势的跨境电子商务发展。

跨境电子商务的发展日新月异，已然成为国际贸易新的表现形式，跨境电商的人才培养已迫在眉睫。跨境电商发展的大背景下，高等教育应该适时地抓住机遇，对学科专业教学调整方向，开设跨境电子商务方向，并设置跨境电商系列课程。山东省商务厅于 2016 年及 2017 年在聊城大学、临沂大学、山东外贸职业学院等省内多所高校建立了"新经济、新业态"跨境电商人才培养试验区，形成了系列的人才培养策略及培养体系，助力了山东省跨境电商事业的蓬勃发展。以下是对临沂大学《跨境电子商务》在线课程改革经验的总结，以期能对国内高校跨境电商教学有所启示。

一、课程升级，探索网上课程新模式

我国互联网在线教育起步并不晚。自 2010 年美国可汗学院的运营模式开始影响全世界后，中国就诞生了成百上千个在线教育机构，腾讯、网易、百度和新浪等互联网巨头们纷纷入局。网易云课堂、知乎等知识变现应用在互联网上掀起一阵又一阵狂潮。在线教育能够突破时间和空间的限制，打破传统教育资源的垄断，给了学生自主选择学习时间和地点的机会，尤其适合实操性强的课程。

《跨境电子商务》在线课程的建设，通过先进的手段化解课程难点，能够突破时间和空间的局限，最大限度地实现资源共享，让课程更开放化、立体化和多元化。借助在线课程建设，促进跨境电子商务教师团队的整合，聚集优质教学资源，提升教学质量，深化教学内涵；做实创新创业教育，深化校企合作，切实服务地方经济。

《跨境电子商务》在线课程旨在培养掌握英语基本技能、跨境电子商务理论和实操知识的复合型涉外商务人才。本课程有助于学生掌握跨境电子商务的基本理论、发展趋势及前景，认识跨境电子商务的特点、跨境电子商务的模式，了解目前国内外几种常用的跨境电商平台及相关知识；熟悉跨境电商平台的规则及平台基本操作、业务推广和客户服务；掌握国际物流和国际支付知识；掌握外贸市场网络调研、选品、采购；掌握对外产品网上报价、发布及推广；掌握处理网上询盘、报盘、谈判业务和客户关系维护；掌握在跨境交易的整个过程中相关问题的正确处理等专业知识和业务操作。

通过本课程的学习，学生能够根据国际市场需求和不同的跨境电商平台，进行跨境网络调研、独立寻求货源并进行采购，能够在第三方电商平台建立店铺、运营店铺、维护和管理店铺，能够进行平台基本操作和订单处理流程等业务操作，具备从事跨境电商运营与策划工作的基础技能。

在线课程内容如下：

在线课程教学内容的组织与安排遵循学生职业能力培养的基本规律，以真实工作任务及工作过程为依据整合、优化教学内容，科学设计学习性工作任务。教学内容由两个模块构成：理论模块和实训模块。

理论部分占总课时的40%，实训课时占总课时的60%。理论学习部分有助于学生掌握跨境电商的基本概念、产业流程和发展趋势等，为实操部分的学习打下坚实的理论基础。

实操部分使用模块式教学方法，按不同的实操平台将课程模块化，化解难点，形成独立的教学任务，让学生从理论到实践掌握课程内容，详见表6-1。

表6-1 课程模块与内容

模块		内容
理论	跨境电商概述	跨境电子商务的概念、特点，跨境电子商务发展现状及趋势，跨境电子商务的优势及存在的问题，跨境电子商务物流及电子支付方式，跨境电子商务发展模式
	跨境电子商务平台的介绍与选择	跨境电子商务平台概述、特点、分类，跨境电商平台提供的服务种类，跨境电商平台的选择，国内外主要跨境电商平台介绍
	国际物流	四种物流类型：邮政物流 Air Mail、商业快递 Express、专线物流 Special Line 及海外仓，海外仓储集货的物流方式，国际物流与物流服务商的选择，国际运费计算方法，物流方案查询方法，物流模板设置，国际邮政小包线上发货操作方法
	跨境支付	账户设置，收款账户的类型，创建、绑定和修改支付宝收款账户的流程，注册和激活支付宝，查询银行的 Swift Code，支付宝账户认证流程，创建美元收款账户，美元收款账户相关问题，收费标准，提现收款
	客户服务	客户服务：传统贸易与电子商务在沟通上的相同点和不同点，电子商务沟通的重要性及询盘技巧，海外客户的速卖通初体验（速卖通的销售对象、客户操作平台，解决买家可能遇到的问题），子账号设置和速卖通安装操作 信用评价：速卖通信用评价的规则，出现中、差评的原因，完善服务，给客户留下美好初印象，如何解决差评问题 纠纷处理：速卖通纠纷判定规则，纠纷对卖家的影响，如何解决纠纷

续表

模块		内容
实操	速卖通	速卖通卖家操作（卖家操作流程介绍、注册账号、实名认证、卖家规则），海外市场调研和市场选品，产品发布（包括产品标题和关键词选择、产品定价、详情页的设置），管理产品（产品管理页面操作介绍、橱窗推荐、图片银行、产品分组、模块管理、搜索诊断、管理订单通知），交易管理（订单管理、资金账户管理、交易评价、成交不卖规则、交易规则）
	国际站	速卖通卖家后台，产品发布（包括产品标题和关键词选择、产品定价、详情页的设置），管理产品（产品管理页面操作介绍、橱窗推荐、图片银行、产品分组、模块管理、搜索诊断、管理订单通知），询盘，客户管理

二、课程内容进行优化

建设在线课程，需要从以下三个方面对课程内容进行优化。

1. 线上优化课程中心平台内容，实现课堂内容在线共享

为更好地调动学生学习的积极性，本课程积极建设课程中心平台。该平台课程资源丰富，架构合理，有助于学生高效保质地进行课程学习。同时，该平台资源对全校学生无障碍开放，具备很好的辐射作用，将成为学校资源网上一个重要的学习站点和网络共享站点。目前，该平台部分栏目已经完成资料上传，如教学内容、教学日历、教学大纲和教学课件。在未来的两年内，《跨境电子商务》课程将实现 90% 的内容在线共享，全面整合优化现有的网络资源，建成高质量的网络教学资源平台。

2. 线上"软件模拟实操 + 教学账号实操 + 实操演示"多元化综合实训体系

完善课程综合实训体系，提高学生跨境电商的综合业务技能，为学生将来高质量就业创造条件。本课程的实操内容在跨境电商实训室进行，学生的综合实训体系由软件模拟实操、速卖通教学账号实操和 eBay/Amazon/

Wish 平台实操演示三部分组成。

软件模拟实操，主要模拟跨境电商 B2B 模式下的询盘、还盘、开立信用证等主要内容。

速卖通教学账号实操，学生运用教学账号，在速卖通平台上进行 B2C 模式下发布产品、模板设置、店铺管理等主要的实操内容。

eBay/Amazon/Wish 平台实操演示，由于平台账号保护政策，该部分平台的实操主要由教学团队中的外聘教师用自己的账户在平台进行实操，通过录播或直播的形式，让学生在线观看，更直观、更真实地了解平台操作。

3. 线下深化校企合作，校企联合育人，共建校外实训体系

鼓励学校在课程学习期间，积极参与校企合作企业的各项实训活动，以企业实例为教学背景，引导学生在实践中学习。山东省外贸职业学院、临沂大学、聊城大学等已经获批并正在建设山东省外贸新业态主体——跨境电商实训基地实验区暨教学实习基地。依托该基地，各学院与山东新光实业集团、临沂金狮工艺品有限公司等 30 多家企业进行深度校企合作，协同育人，共建教学实习基地。教学实习基地定期向学生开放跨境电商项目，提供实习岗位，帮助学生将课程内容实现理论到实践的转化并通过实践来检验和磨砺自己的创新创业意志，最终提高学生行业素养和专业技能，为创新创业增加资本。

三、线上线下协同学习体系

学生的课外学习体系主要由三部分组成。

1. 跨境电商平台卖家培训课程

为了让全球卖家能够快速便捷地掌握平台技能，全球速卖通和阿里巴巴国际站等跨境电商平台纷纷为卖家开设相关课程，帮助卖家在平台的发展。本课程充分利用 eBay、速卖通和阿里巴巴国际站等跨境电商平台所共享的在线课程，鼓励学生积极主动地利用各电商平台课程，尽快掌握平台操作规则。在保护知识产权的情况下，该课程组教师团队对平台的在线课程进行整理和筛选，并在课程平台上提供链接，让学生更直观地进行平台基础知识和操作技能的学习。

2. 专业在线教育平台教学课程

随着跨境电商行业的兴起，腾讯课堂等专业在线教育平台也纷纷推出自己的跨境电商课程。鉴于网络课程资源良莠不齐的情况，本课程组的教师团队将对专业在线教育平台推出的跨境电商课程进行筛选，然后在课程平台推送给学生，让学生能够正确有效地利用网络资源。

3. 外贸专业讲座

鉴于跨境电商具有实操性强的特点，本课程将定期邀请课程组的外贸专家和业内人士，为学生进行行业讲座，以便于学生了解行业前沿信息，零距离感受外贸人员的专业能力和职业素质。

四、培养"双师型"教师，完善师资结构

跨境电商是一个实践性非常强、发展非常快的专业领域，要培养"双师型"师资，必须为教师提供参与到企业生产实践的机会。高校要加大"双师结构"教师的培养力度，抓好青年教师的培养和提高，在课程建设上形成研究梯队。组织相关教师参加有关教育理论水平、实践能力和专业技能的短期培训、学术交流活动和讲座。

五、培养跨境电商专业人才，鼓励学生学以致用"走出去"

鼓励学生将课堂学到的理论知识真正地操练起来。除了可以借助平台提供的教学账号进行实操外，高校应该鼓励学生走出去，切实地将知识运用在实践中。

六、建设跨境电商实训基地

跨境电子商务实习实训基地建设的总目标是能满足跨境电子商务教学、实训、实习、就业、创业的需求。根据跨境电子商务业务流程和工作环境，建设满足跨境电子商务主要功能，实现线上与线下相结合、硬件建设与项目嵌入相结合、前期建设与后期持续服务升级相结合、国内领先的

跨境电子商务实习实训中心。

山东省内各高校，在山东省商务厅、各地市政府、各地市商务局政策支持下，注重与学校所在地区的产业相结合，充分发挥学校的科研优势和地方企业的资金优势，建立山东省外贸新业态主体——跨境电商实训基地实验区暨教学实习基地。依托语言服务驱动的外语人才培养模式，利用丰富的校企合作、产教融合资源，积极培养符合"一带一路"倡议需要的新型人才，拓宽专业人才输出渠道，深化校企合作力度，在产学研方面取得切实有效的成果。

各基地积极整合学校、企业、商会、工厂等各界资源，聚合各高校的外国语学院、商学院、物流学院、传媒学院等学院优质资源，联合山东省内企事业单位，组建跨境电子商务教师团队，共同培养既有深厚的跨境电子商务理论功底，又具有丰富实战经验的应用型电商人才。

七、协同创新开展校企合作

利用协同创新开展校企合作，以行业协会为依托，综合行业、企业、学校多方资源优势，是拓宽行业与学校合作建设专业、实现校企共育人才的有效途径。在校企合作过程中，充分发挥行业协会、校企合作和工学结合优势，把企业生产实践转化为教学案例，围绕"工学结合"进行实境教学，构建跨境电子商务职业岗位技能课程知识体系；实现校内专任教师与校外企业高技能水平兼职教师共同制定跨境电子商务人才培养方案，共同编写课程实习实训指导，共同讲授一门专业课程，共同打造专业教学资源共享平台；通过校企合作进行课题研究，解决企业在生产经营过程中的技术难题，共同研究专业建设的改革方案；建设包括专业带头人、企业专业带头人、专业骨干教师、企业兼职教师的"双师型"师资队伍。

第四节　临沂大学跨境电商人才培养体系

临沂大学外国语学院 2001 年招收商务英语专科，2003 年英语（经贸英语方向）本科招生，2016 年商务英语专业本科招生，2017 年与山东双元教育科技有限公司校企合作建设跨境电子商务专业（校企合作方向）并开始招生。商务英语系顺应时代发展，开启转型之路，进行师资、人才培养模式及课程等配套改革。2013 年 7 月开始建设跨境电子商务创新创业孵化平台实验区，旨在培养学生创业意识、创业精神和创新能力，构建适合大学生创业教育教学和实践的体系，引导大学生积极创业。2015 年，成为全国国际商务英语研究委员会第四届理事会常务理事单位，同时担任山东省对外经济学会国际商务英语专业委员会副会长单位。2016 年，成功获批山东省商务厅"新经济、新业态"跨境电商实训基地。建设产教融合、校企合一、国内外共同协作的师资队伍。现有专任教师 22 人，其中"双师型"教师 6 人，创新创业团队导师 19 人，全日制本专科学生 1100 余人。

一、跨境电商人才培养理念

在新经济新业态下，伴随全国跨境电商蓬勃发展，临沂市地方政府对跨境电商在政策和资金上展开全方位支持。外国语学院响应时代号召，呼应区域经济发展，依托"校政行企"四方联动机制，创新校企联动育人模式。实验区突出教育服务经济的办学理念，配合学校"全国知名区域特色鲜明的创新创业型大学"的定位，根本目的是立足地方院校的实际，围绕应用型人才的培养目标，面向临沂商会培养创新创业型跨境电商人才。

人才培养模式改革的思路可以归纳为"两个原则，三项能力"。遵循"素质教育与专业教育相结合，国际化与区域化相结合"两个基本原则，重点培养学生三项能力，即"跨境电商能力、创新能力和创业能力"。培养目标定位为"懂商务、精网络、敢创新、能创业"的创新创业型跨境电商人才。

1. 两个原则

"素质教育与专业教育相结合，国际化与区域化相结合"的原则，不仅强调培养学生成为适合企业的具有专业知识和实操能力的应用型人才，同时还重视学生的时代责任感、市场洞察力和创新创业意识。

2. 三项能力

三项能力包括跨境电商能力、创新能力和创业能力。

培养学生的跨境电商业务能力，即掌握对外贸易必备的基础理论和专业知识，具有从事本专业实际工作的综合职业能力和素质，能够在进出口贸易第一线工作，熟练外贸业务和从事涉外企业文秘工作等能力。

培养学生的创新能力，即突破语言学习者的思维模式，具备创新思维，敢于并勇于创新。

培养学生的创业能力，除了包括必备的跨境电子商务知识，还应该注重培养企业家精神，如敏锐的市场洞察力、坚强的意志和坚持坚守的恒心耐心，还有计划管理、信息管理、目标管理、项目管理和危机意识及处理的能力。

总之，通过三项能力的培养，学生应该具备从事跨境电商所需的国际商务能力、沟通交流的语言能力，以及创新创业的潜力。

二、人才培养体系的探索

为更好地适应社会和行业发展需求，临沂大学在跨境电商人才培养体系上做了以下七个方面的探索。

课程体系注重专业知识和实操课程的合理搭配，课程内容注重创新创业理念的引入，教学方法以案例教学法和实操实践为主。

学校明确创新创业教育是专业教育的核心的思想，在教学计划内开设了创新课程，这部分创新课程没有游离于专业教育之外，课程在内容上和教法上都体现了创新性的要求，以此为切入点着重培养学生的创新创业能力，这不仅使学生学习到专业知识，而且对于了解专业前沿热点问题和交叉学科的问题，对于学生掌握研究方法，并获得发现问题、分析问题、解决问题的能力都会发挥重要的作用。

课程体系不仅包括创业必需的基础知识类课程，如财务、营销、商务谈判等方面的课程，还包括领导力、有效领导等行为科学方面的课程，这些课程都紧密联系商业实践，重视解决创新创业中的实际问题。鼓励学生通过各种实训平台，参加各种实训课程，接受创新创业教育，具备基本的创新创业精神。最后学校提供制度保障，将创新创业教育教学纳入人才培养和素质教育规划。通过大学生创业园、技能培训基地和校企合作，打造学生真正的创新创业平台。学校可投入创业种子基金支持，鼓励学生成立创新创业项目团队。学生可以参与校企合作项目、各种创客大赛，鼓励教师和学生将研究成果在企业迅速转化为产品，学校与企业之间形成了良好的创新创业互动效应。

1. 实行学业导师制

学业导师不仅在学生选课、专业学习、学术研究、人生规划等学业领域提供全面指导，而且根据学生的个性特点，给予其个性化的指导，使学生充分发展个性，在创新创业学习和实践中挖掘和展现自己的内在潜力，从而培养学生自主学习、研究性学习的习惯和能力，实现因材施教和个性培养。学业导师应是优秀教师，给予一定待遇。

2. 融入"互联网＋"思维，重新修订培养方案，增设商务类课程

临沂大学外国语学院广泛征求专家学者意见，对 2016 版培养方案进行修订，确定 2017 版培养方案，已应用于 2017 级新生。2017 版培养方案优化核心课程，适当缩减大类平台课程，增开商务类课程，纳入创业教育，融入"互联网＋"思维，体现"互联网＋教育"特点，构建创新创业教育课程体系。在"跨文化商务沟通""商务口译""外贸函电""外贸口语"等校级精品课基础上，建立高品质渗透创新创业教育内容的课程，响应创新创业的时代号召，符合学校创新创业型大学的新定位。

3. "请进来"专业人才，建设创新创业导师团队

为贯彻落实学校党委《关于全面推进创新创业型大学建设的实施意见》，外国语学院正在打造一支专业特色突出、行业专家和企业家参与的创新创业导师团队，聘任（聘用）具有实践经验的专业技术人员和高技能人才担任专兼职教师，提高持有专业技术资格证书和职业资格证书教师比例。聘请上海对外经贸大学原副校长叶兴国教授，对外经贸大学王立非教授，上海交通大学彭青龙教授，山东省对外贸易教学研究会会长、山东工商学院外国语学院院长刘白玉教授等国内知名学者担任客座教授。聘请软通动力集团副总裁、北京众创基地总经理杨炳刚，阿里巴巴国际事业部北方大区区域主管刘洪斐，山东阿尔法供应链公司项目经理侯力光，临沂全景信息技术有限公司总经理郭元银，万德福有限公司总经理张颖，女校校长姿怡等商界精英担任兼职教师和创新创业导师；并同以上企业建立了良好的校企合作关系。创新创业教师团队的组建突破了外国语学院教师队伍学术化科研化的格局，实现了教师队伍的跨界，保障了培养方案顺利实施，也为创新创业孵化平台实验区的顺利发展打下了良好的教师团队基础。

4. 鼓励教师"走出去"，主动向"双师型"教师发展

临沂大学外国语学院号召全体教师更新思路，转变观念，依托相关高等学校和大中型企业，加大"双师型"教师培养培训力度，共建"双师型"教师培养培训基地。资助教师勇敢"走出去"，接受创新创业新知识，提高教师科研创新和社会服务能力。2013 年至今，学院出资 20 余万元，资助教师出外访学和培训多达 30 人次。外国语学院现为全国国际商务英语研究会第四届理事会常务理事单位，2015 年 8 月 22～25 日商务英语系成功承办山东省商务英语年会，会议主题为"创新与发展——教学质量标准建设和商务英语专业创新创业人才培养"。大力促进跨学科、跨单位合作，形成高水平教学和科研创新团队。

5. 深化校企合作，搭建电商平台，为学生创新创业提供实践平台

临沂大学外国语学院与临沂市商城管委会、临沂市网商会、临沂市塑料商会、临沂市小商品商会、温州商会等建立了长期合作关系。外国语学院的学生"多语种志愿翻译团队"一直积极为临沂市各项外事服务提供翻译类服务，并获得广泛好评。2015 年 9 月 18 日，外国语学院和临沂跨境电商龙头企业合作开设的"电子商务（跨境）课程"正式开班，参加一期商务理论课的学生有 464 人，参加商务实训课的学生有 172 人。该课程实施校校、校企合作模式，开展"语言＋X 系列课程"理念，以电子商务的国际及国内贸易实操训练为主，在合作企业给予产品和资金支持下进行模拟和实际贸易业务操作，为外国语学院搭建创新创业平台迈出实践性和创新性的一步。

6. 整合校内外各种创业资源，成立创新创业园，建立为学生服务的创业体系

2015 年 6 月，外国语学院创设服务于学生创新创业的第一个创新创业园，同时创办学生领导力研究实训中心。学生提出创意、申请项目，该创业园审核通过后，免费为学生提供信息流、资金流、物流等资源支持，旨在培养学生的领导力、实践力、创新力和创业力。对学生创业项目，学院免费提供场地资源和水电设施，学生自筹资金、自行策划。此外，外国语学院将外语角并入创业园项目，实现创业和学习交流的双向互动，创业园成为学生实践实训的平台、创新创业之路的起点、共享中西文化的"社区"。

7. 升级教学设备，完善教学资源

外国语学院目前拥有3D商务英语综合实训室1个（该实训室包含商务英语3D情景口语实训系统和3D仿真商务英语综合实训系统），语言实验室21个，商务英语实训室1个，调频电台2部，同声传译语言实验室1个、机辅翻译实验室1个，商务谈判模拟实训室2个，跨境电商实训室1个，学生领导力实训中心1个。以培养创新创业人才为目标，以优质的设备配置和丰富的网络资源为载体，以跨境电商为关注点，以服务于区域经济为着眼点，推动学校与区域经济双赢互动发展。

三、培养目标和基本要求

跨境电子商务专业旨在培养德、智、体、美全面发展，基础知识扎实，实践能力和职业技能强，具有国际视野，具备基本的跨境电子商务操作技能，掌握海外商贸平台搭建和运营方法，掌握小语种网站策划与推广策略，掌握海外新媒体运营及新媒体广告的投放、推广与管控方法，适应地方经济社会发展需要的高素质应用型人才。

该培养目标体现了"一德、二素质、三基、四能、五证"的思想。一德，即具有从事国际商务工作所必需的良好职业道德。二素质，即具有国际商务活动所必需的良好的从业素质与创业素质。三基，即具有从事国际商务工作所必需的基本理论知识、基本实务知识与基本政策法规。四能，即实践能力、综合能力、创新能力和国际市场驾驭能力。五证，即指英语专业四级证、国家计算机水平等级证书、国际商务英语二级证书（BEC2级证书）、跨境电商初级人才认证和学士学位证。

跨境电子商务专业培养英语基本功扎实，具有国际视野和人文素养，掌握语言学、经济学、管理学、法学（国际商法）等相关基础理论与知识，熟悉国际商务的通行规则和惯例，具备英语应用能力、商务实践能力、跨文化交流能力、思辨与创新能力、自主学习能力，能从事国际商务工作的复合型、应用型人才。

培养的基本要求分为以下四个方面。

1. 基本素质要求

①具有坚定正确的政治方向，热爱祖国，拥护党和国家的路线、方针和基本政策，有社会主义民主和法制观念；懂得马列主义、毛泽东思想邓小平理论以及习近平思想的基本原理；了解我国基本国情，掌握社会主义初级阶段与建设有中国特色社会主义的理论；积极参加社会实践，具有理论联系实际、实事求是的科学态度；具有振兴中华的理想，有为人民服务、艰苦奋斗、唯实创新的集体主义精神；受到初步国防教育和训练，热爱劳动，勤奋学习，具有社会责任感、事业心与良好的道德品质。

②具有良好的文化素质和一定的人文修养，有企业职工基本文化道德素质与修养，较强的社会交际能力。能正确处理同事、上下级之间的关系，有合作共事、团队精神。

③树立正确的世界观、人生观和价值观；具有遵纪守法、爱岗敬业和诚实守信的品质，具有良好的职业道德和团队精神，具有开阔的国际视野，具有良好的科学思维和创新创业意识，具备较强的岗位适应能力和创业能力。

2. 专业理论知识及专业技能要求

掌握英语专业的基本知识、基本理论和基本技能；有较强的自学能力和分析问题、解决问题的能力；掌握基本的外贸术语及其含义，翻译起草外贸应用文，进行简单的洽谈等；熟练掌握新媒体技术并能够使用新媒体技术处理跨境电子商务过程中的各种问题；具有计算机的一般应用技能，达到规定的等级要求，具有较强的就业竞争能力及社会适应能力。

3. 职业岗位能力要求

该专业培养的人才除能流利地用英语进行商务交流，熟悉我国对外贸易的方针、政策和法规，掌握跨境电商的基本原理、基本术语，以及进出口业务的基本理论和方法外，还应具备能用英语处理进出口业务往来函电、签订合同、制订单证的能力。同时，还具备应用英语进行海外新媒体推广、广告投放、搭建外贸平台等能力。

4. 职业资格（技能）等级证书要求

本专业的学生应获得全国商务英语等级证书、BEC 等从业资格证书中的一种；普通话二级乙等及以上证书；通过相应要求的计算机考试或相当的水平考试，并取得相应的证书；以上职业资格（技能）等级证书至少应获得两个才能毕业。

通过课程的学习，使学生掌握跨境电子商务的基本理论、发展趋势及前景，认识跨境电子商务的特点、模式，了解目前国内外几种常用的跨境电子商务平台及相关知识；熟悉外贸第三方电商平台的规则及平台基本操作、业务推广和客户服务；掌握国际物流和国际支付知识；掌握外贸市场网络调研、选品、采购；掌握对外产品网上报价、发布及推广；掌握处理网上询盘、报盘、谈判业务和客户关系维护；掌握在跨境电商交易的整个过程中，相关问题的正确处理等专业知识和业务操作。

四、教学模式设计

为全面培养学生跨境电子商务和国际贸易的综合职业技能，做到校内教学与就业的无缝隙衔接，为社会培养具有实际动手能力的应用创新型专业人才。外国语学院课程组提出了基于三个层面和三个结合的创新教学模式，以"项目导向，任务驱动"和模块式教学的方法，将课程内容模块化，化解难点，形成独立的教学任务，从而让学生循序渐进地从理论到实践地掌握《跨境电子商务》这门课程，并通过双语教学的方法，使学生更好地熟悉英文环境下电商平台操作和基本的对外贸易流程。

第一层面是基本实训，本课程理论和实践内容的讲授和演练均在实训室进行，教学方式采用课堂讲授、课堂演示、课堂练习、课堂讨论、课堂实践等多种方式进行，边讲边练、讲练结合、分组实践、共同讨论，集

"教、学、做"为一体，使讲授更为生动，教学效果更为突出，学生更容易理解和掌握。

第二层面是综合实训，培养学生综合应用能力与素质，提高学生实际工作能力，本课程利用电子商务专业和商务英语专业实习软件进行外贸电子商务综合实训。使学生进一步提高了综合技能，同时，将相关技能考试密切结合，为学生更好地高质量的就业创造了条件。

第三层面是校外实训，鼓励学生在课程学习期间自主创业或者参与校企合作企业的实训活动，以企业实例作为教学背景，引导学生在实践中学习；加强校企合作模式，共建实习、实训基地。比如，与阿里巴巴签署了跨境电商人才培育合作项目——"百城千校、百万英才"项目构建校企合作的跨境电商人才培养模式。

"理论与实践教学、中文与英文讲解结合"：本课程系统地论述了电子商务的理论和方法，其理论性与实践性都很强，理论教学与实践教学课时比例接近1:1，确实做到"边讲边练、边学边练"，理论知识"适度、够用"，在实践教学的过程中融入理论教学，集"教、学、做"为一体，使学生既提高了实际动手的能力，又加深了对理论知识的理解。学生通过校园网的网络教学平台可随时访问，结合自己的个人情况进行自学或助学，学生不仅可以培养自学能力，还可以弥补课堂教学的局限。师生之间借助QQ、旺旺、微信、电子邮件、留言簿、手机等通信方式进行教学互动、课后辅导、提交作业等，这样将课堂延伸到课后。通过这种课内学习和课外实践创业，达到课内与课外结合；通过网络化教学平台的使用，最大化利用学习空间，把课堂由校内延伸到校外；通过帮助学生承接企业网店建设、运营任务，让学生在实战中得到锻炼，通过校内仿真实训与校外真实体验，达到校内与校外结合，从而走出工学结合的新路子，达到职业能力的最大提升。

根据三个层面的指导思想，立足于培养"懂商务、精网络、敢创新、能创业"的创新创业型跨境电商人才的目标，建立较完整的教学体系，开发完备的实践实训体系，同时搭建创新创业平台。人才培养共包括"三个体系"："语言＋专业"教学体系，"能力递升式"实训体系，"互联网＋

教育"创新创业体系。三个体系既相互独立，又相互促进。教学体系主要培养学生英语听、说、读、写、译基础语言能力和相关理论素养，旨在提高学生语言实际应用能力，为专业方向课程的学习打好基础；实训体系将专业知识和职业技能按照职业需求，以典型职业活动为线索确定专业课程设置，按照企业工作过程设计课程，为相关专业学生提供专业技能提高的专业课程；模拟操练及校外企业实习为学生提供校内、校外实践学习的平台，促进了学生职业技能的训练和培养；创新创业体系主要是为学生提供创业平台，锻炼学生创业意识和创业能力，为学生毕业后进行跨境电商创业就业进行热身训练和能力强化。

1. "语言 + 专业" 教学体系

该体系包括两个模块"语言基础课程模块"和"专业方向课程模块"。

"语言基础课程模块"包括语言基础课程，强调英语的基础知识和基本技能，主要由任课教师完成课程讲授，其目标在于让学生具备扎实的英语听、说、读、写、译能力，为专业方向课的学习和跨境电商的实训打下坚固的语言基础。

"专业方向课程模块"主要是跨境电子商务所需要的各种理论。课程主要包括：阿里巴巴和临沂跨境电子商务发展、移动微电商平台概述和应用、网站基础建设和美工、淘宝平台概述和应用、效果数据分析、注册、平台操作和跟进客户等专业理论课。主要由创新创业教学团队授课，该教学团队内所有人员都是创新创业导师，由外国语学院聘请的企业高管和专业技术人员组成，均具备牢固的国际商务知识和丰富的跨境电商实践经验。该模块旨在通过创新创业导师的指导，让学生的国际商务知识和跨境电子商务基本理论知识专业化，引导学生接受并具备创新创业基本理念。专业方向课程涵盖创业意识、管理、国际贸易、美工、文案、礼仪等内容。

2. "能力递升式" 实训体系

该实训体系包括三个阶段。

第一个阶段是软件仿真实训阶段，主要依靠外国语学院 3D 商务英语综合实训室完成，该实训室包含商务英语 3D 情景口语实训系统和 3D 仿真商务英语综合实训系统。学生在该实训室内的培训，能够在系统帮助下，熟悉国际商务的基本流程和主要操作方法。

第二个阶段是平台实训阶段，该阶段主要通过"跨境电商普通课程"和"跨境电商高级课程"两个课程模块实现。两个课程模块实际是将跨境电商整个贸易流程和操作程序分块，让学生通过仿真软件和校企合作项目的平台进行实操，旨在让学生对跨境电商有全方位立体化的了解，并具备一定的实践实战能力。实训课程分为普通班、高级班、拓展班。后续分项提高课程从平台应用能力、国际贸易实操能力等方面给学生提供课程选择，保证了大学创新创业不断线，解决了学生毕业前和就业后的跨境电商实践脱节的问题。实训课程分为两个板块：第一个板块，实训老师操作演示并讲解阿里巴巴等跨境电商平台的整体操作流程，包括 Photoshop 的操作与运用、阿里巴巴新产品的发布、阿里巴巴平台主页装修、多语言市场运营推广与实操、发票及箱单制作、租船订舱、报关和通关等相关内容，让学生熟悉跨境电商流程的每一个细节；第二个板块，企业直接提供产品及跨境电商平台，由实训老师指导学生在阿里巴巴平台上真正体验从了解产品到发布产品乃至出单的每一个过程，真正地把学生培养成拥有外贸实战经验的跨境电商人才，为学生的自主创业或未来的就业夯实基础。

第三个阶段是项目实战实训，通过校企合作项目，创业导师让学生进入企业实习，将课程中所学到的理论真正应用于实践。企业提供部分项目，由创业导师带领学生加入项目组，共同完成任务。该阶段是实训体系的最终阶段，也是创新创业体系的引导阶段。这一阶段的作用至关重要，学生在校企合作项目中，真正参与到社会工作中，能够将课堂上学到的知识应用于跨境电商实战，并可以通过项目讨论、观摩项目组成员的工作流程等方式切实学到跨境电商实战中的专业技能。

3. "互联网＋教育"创新创业体系

创新创业体系由两个创业园（外国语学院创新创业园和电商创业园）、

一个实训中心（学生领导力研究实训中心）和一个手机 App（临大 App）组成。

①外国语学院创新创业园。

创新创业园以学科专业项目为依托，学院投入创业基金，支持鼓励学生组建学科交叉、年级互补的创新创业项目团队，开展创新创业实训活动，旨在培养学生创新意识和创业能力。

学生自己结合所学专业知识并进行深入市场调研后提出立项申请，请有相关行业背景和创业经历的创业导师审核项目；项目审核通过后，学生自己组成团队进行创业，学校给予资金、设备和信息方面的无偿资助，并为每个项目配备创业导师。该创业园现已有两个跨境电商企业项目通过审核，并已经投入使用，一切运转正常。

②临沂商城跨境电子商务创业园。

该创业园主要由临沂大学和临沂商城共同组建，依托阿里巴巴、环球资源等跨境电商平台，利用临沂商城企业提供的实践实训项目为基础，为学生创新创业提供资金流和信息流，鼓励学生将创新理念贯彻在踏踏实实的实践操作中，也通过实践来检验和磨砺自己的创新创业意志，最终提高学生行业素养和专业技能，为创新创业增加资本。

③学生领导力研究实训中心。

该中心定期举办创新创业类讲座，邀请企业高管或有创业经历的人员进行经济形势、创业意识、领导力等创新创业方向的讲座，让学生了解创新创业的内涵，并通过案例分析等形式，组织学生展开定期讨论。此外，该实训中心创业园还包括组织并鼓励学生参加各种类型的创新创业比赛和活动，如临沂市"大学生创客联盟""全国大学生创新创业大赛""'互联网+'大学生创新创业大赛"等，旨在培养学生的领导意识、团队协作和管理能力，让学生具备必需的国际商务工作的良好道德、从业与创业素质之外，还需要具有敏锐的时代洞察力和市场前瞻力。

④临大 App。

临大 App 将试验区的资源开发研制成可应用的数字资源，学生可自行下载使用。该应用包括 5 大版块：临大在线、临大社区、临大商城、发现我的临大。该客户端与学校教务处端口对接，将学生学习圈、生活圈，朋友圈和商业圈有效融合，促使学生实现自学、自助、自立，同时也有利于校园文化的建设，提升校园文化内涵。该 App 正在开发研制中。

4. 校企合作模式探索

自 2017 年起，临沂大学与山东双元教育科技有限公司整合双方优势资源，校企合作共同培养跨境电商人才。同时，经双方友好协商，决定开展校企合作，共同培养跨境电商专业学生，共建专业，对 2018 级商务英语专业学生按跨境电商方向培养。

校企合作采用"2＋1"专业共建的方式，合作共建商务英语专业，学生按跨境电商方向培养。山东双元教育科技有限公司将跨境电商实训课程体系、师资、就业服务等行业最新资源引入学校，丰富临沂大学教学体系，共同制订学生培养方案、就业推荐方案，提高学生综合职业素质。通过共享资源，临沂大学充分发挥其招生、教学实施与管理的优势，提升学校人才培养综合能力。

5. 工作过程导向的企业从业人员培训体系

企业在跨境电子商务运营方面的需求具有复杂性、多重性、整体性的特点，复杂性体现在企业希望通过跨境电子商务传播和运营解决企业商业模式转变、营业额增加、执行效率增强方面的问题；多重性体现在企业希望同时提高网络团队在知识、技能及素养三个方面的水平；整体性体现在企业希望跨境电子商务运营策略的落地与实施要和产品设计、生产、物流及服务等经营环节协调配合。

跨境电子商务企业的从业人员具备一定的行业经验，对行业知识和技能有一定积累，期待更加专业化的技能培养。

6. 设计以岗位能力胜任模型为导向的课程体系

涉及课程体系和知识单元设计工作，充分考虑企业业务流程和组织结构的岗位要求，同时体现应对未来变化的适应性和灵活性，根据企业对跨境电子商务各岗位能力素质要素的重视程度、工作细化等级，经反复协调最终确定各要素在不同专业建设解决方案课程体系内容中的权重。

具体到跨境电子商务实践课程体系的部署工作，主要有以下考虑：

①充分考虑跨境电子商务相关行业岗位所需课程。

课程设置在充分了解社会发展需求的基础上，对跨境电子商务行业发展的特点和岗位人员的需求进行分析，针对专业岗位的知识、能力、素质要求，构建体现岗位核心能力的板块化专业主干课程体系。

②创新教学方式，深化实践教学。

跨境电子商务实践教学体系设计者从行业一线的需求出发，重点突出岗位学习中能力的提升。为满足跨境电子商务行业对复合型人才的需求，对整个实训课程进行精心的设计，合理的由浅入深、由易到难地穿插职业素养与实训课程，确保学生完成培训走上工作岗位后能够在较短的时间内胜任工作。设计教学项目时，我们以跨境电商相关岗位工作任务为中心，按照标准的跨境电子商务相关工作的操作流程，借助各种仿真的教学工具，结合案例，通过情景模拟、角色互换等实训操作，培养学生的职业能力，在学习情境中强化对学生职业能力的培养。

③基于工作过程的跨境电子商务实践教学环境构建。

模拟跨境电子商务职业工作过程的职场环境来构建跨境电子商务实践教学环境。首先，加强了对跨境电子商务相关专业的实践教学环境的建设。我们与跨境电子商务相关行业的企业合作，模拟全真型的业务实训操作平台，按照企业职业岗位相应的工作过程和工作任务来组织学生实训。其次，加强了跨境电子商务实习基地建设与跨境电子商务相关企业签订合作协议，让学生在相应的职业岗位上进行顶岗实习、工学交替等全真化实习，在实践中按业务流程进行操作，熟练掌握业务技能，树立正确的职业道德和职业意识，养成良好的职业行为和习惯，培养和提高跨境电子商务职业能力。

④基于工作过程的考核方法设计。

在以工作过程为导向的跨境电子商务专业课程建设中，以培养学生具有完成工作任务的实际职业能力为目标。因此，考核方法以工作任务为载体，采用多元化考核方式，既有企业的评价也有教学评价，既包括专业能力的评价也包括社会能力的评价，同时对学生的实际操作能力和实践分析等综合能力进行评价。

7. 实训课程一览表，见表6－2

表6－2　实训课程一览

实训板块	课程单元	教学目标	课时
跨境电商导论	跨境电商概述	了解跨境电商的基本概念，掌握跨境电子商务的定位方法和措施，掌握跨境电商整体运营架构及管理方法，熟练掌握跨境电商的推广方法及不同渠道的推广策略	32
	跨境电商定位		
	跨境电商运营管理与技巧		
	跨境电商推广方法与策略		
国际商贸平台搭建和运营	阿里巴巴国际站	了解当前国际主要商贸平台，掌握不同商贸平台的运营规则、推广策略及适合的主要商品种类和市场区域，能够熟练操作国际主流商贸平台，并结合海关数据制定符合企业营销需求的外贸平台运营方案	32
	made in china		
	global sources		
	海关数据分析与使用		
小语种网站策划与推广	网站策划与发布	了解并掌握中文网站策划和发布的主要方法、原则和规律，了解国际贸易面对的主要市场及语言，了解小语种网站主要面向的搜索引擎及其优化策略，掌握小语种网站搭建、优化的主要方法	32
	yandex		
	bing		
	yahoo		
	google		
国际新媒体广告投入与管控	概述	了解国际新媒体广告的主要投放渠道，熟悉不同国际新媒体广告的主要差异，掌握不同国际新媒体广告投放的原则和技巧，能够根据实际需求选择不同广告投放渠道，实现利益最大化	32
	投入渠道分析		
	投入原则与技巧		
	实例操作		
国际新媒体推广与运营	twitter	熟悉国际主要的新媒体，了解不同形式新媒体的信息传播模式和渠道，熟练掌握不同新媒体的操作方式和营销技巧，能够基于不同新媒体的特征有针对性地规划活动、新闻和口碑传播活动	32
	facebook		
	linkedin		
	whats app		
	邮件营销		

续表

实训板块	课程单元	教学目标	课时
跨境分销	综合性电商平台	了解国际商品进口的主要途径,熟悉不同分销平台的主要运营模式,熟练掌握不同电商平台的操作。了解跨境O2O的主要模式,了解跨境物流的主要渠道,了解跨境仓储的主要运营和管理方法	32
	社会化电商平台		
	跨境O2O		
	跨境物流		
国际贸易实务	国际贸易概述	了解国际贸易的基本概念和常用术语,了解国际贸易的基本交易流程,基本掌握跨境结算的主要渠道和方法,掌握国际货运及仓储管理的基本内容	32
	国际贸易术语及基本知识		
	跨境结算		
	国际货运与仓储		

8. 师资队伍建设

跨境电子商务教学团队是一支经过多层挑选、跨境电商实战经验丰富、具有优良传统和创新精神的教学团队。本团队以谢楠教授为负责人,团队成员年龄结构合理、实战经验丰富、社会创新创业成果丰硕、学科专业交叉、知识结构综合、教学效果优异,对团队建设和学科发展起到极大的促进作用。

专职教师主要负责电子商务(跨境)前期课程,为电子商务(跨境)后续课程打下坚实的理论和素养基础。外聘教师主要负责"电子商务(跨境)课程"实训。两组教学团队相辅相成,共同致力于培养地方跨境贸易所需要的第一线复合型跨境电商人才。

教学实训团队成员有外国语学院老师以及外贸实战精英郭志刚、张颖、朱述英、张善东等教师,他们带领自愿参加报名实训的学生实际操作跨境电商平台,让学生到企业进修,真正把"电子商务(跨境)课程"学习到的理论知识运用到实践中。实训课程分为两个板块:第一个板块,实训老师操作演示并讲解阿里巴巴等跨境电商平台的整体操作流程,让学生熟悉跨境电商流程的每一个细节;第二个板块,企业直接提供产品及跨境电商平台，由实训老师指导学生在阿里巴巴平台上真正体验到，从了解产品到发布产品乃至出单的每一个过程，真正地把学生培养成拥有外贸实战经验的跨境电商人才，为学生的自主创业或未来的就业夯实基础。

9. 人才培养成果

经过几年的实践和探索，临沂大学跨境电子商务实训基地培养了一批拥有外贸实战经验的跨境电商人才。经过实践技能培训后，学生大多找到了比较满意的工作，工作去向主要包括以下几个方面。

①临沂商城管委会。

临沂商城管委会承担着推进临沂商城国际化、建设国际商贸名城的重要职责。经过层层选拔，参与临沂商城管委会外文网站建设工作的学员有30名，从事商贸物流业研究、管理、应用等方面的高端人才有100名，从事电子商务运营的学员有500名。截至2017年12月，我校培养的跨境电商人才从事外贸工作的将近1000人。

②临沂综合保税区。

2015年12月10日，山东第三家综合保税区——临沂综合保税区正式开关，综合保税区与我校50名跨境电商学生签约，学生主要从事综保区相关的保管、仓储、招商等相关业务。

近几年来，临沂的跨境电子商务发展迅速，大大地改变了单一的国内销售模式及传统的外贸模式。一方面，临沂跨境电商的发展，为临沂大学学生提供了良好的就业机会；另一方面，临沂大学校企合作联合培养的跨境电商人才大大地促进了临沂跨境电子商务的发展。为保障学生的实践课训练强度及效果，我校创新创业跨境电商实践课采取"理论＋实训＋实操"的课程组合，让学生从理论知识到电商应用进行全面的学习，取得了毕业后即可从事跨境电商工作的良好效果。

③团队创业。

临沂大学跨境电子商务实训中心鼓励学员积极参与创新创业实践活动，注重在实践活动中培养学生的创新创业能力。在创新创业学习氛围创设方面，本团队聘请上海对外贸易大学、对外经贸大学跨境电子商务系教学团队，联合当地多家跨境电商企业，为地方企业专业人才和在校学生举办了多场有关创新创业跨境电商的报告，在全院学生中掀起了创新创业学习的热潮。一部分学生毕业后选择了团队创业，开办公司、搭建网络平台、进入跨境电商行业，学生开办的公司联合地方企业借助于速卖通、阿里巴巴、敦煌网及 eBay 等跨境电商网站开启了个人创业的道路。

另外，一些学员在临沂市经济开发区、高新技术开发区，以及九县三区从事跨境电商产业园运营工作。

借鉴以往的实践教学成果和经验，临沂大学将进一步强化与政府、企业的合作，一方面更加紧扣国家发展趋势和政策主题；另一方面紧密联系市场和企业需求。具体来说，未来 3 年，临沂大学将继续以技能培训方式帮助临沂企业培养优秀的跨境电商人才，使他们在企业中能够为企业的跨境电商业务进行优化和完善，起到一定的促进作用。与此同时，临沂大学也充分地将教学资源共享，吸引更多卓越的跨境电商从业者和教育工作者进入我们的团队，丰富我们的双师型跨境电商师资团队。

未来 5 年，临沂大学将在临沂市政府和临沂市商务局的引导下，积极配合临沂市的发展规划，为相关企业提供更多智力支持，如教学资源共享、跨境电商咨询服务等，使跨境电商相关企业具备自己造血的能力，实现自动、自发成长和发展。

第七章 "一带一路" 丝路西行与语言服务

第一节 "一带一路" 丝路西行

一、"一带一路" 倡议的提出背景

2100 多年前，各国人民就通过海陆两条丝绸之路开展商贸往来。从 2100 多年前张骞出使西域到 600 多年前郑和下西洋，海陆两条丝绸之路把中国的丝绸、茶叶、瓷器等运往沿线各国，带去了文明和友好，得到了各国人民的赞誉和喜爱。"一带一路" 是丝绸之路经济带和 21 世纪海上丝绸之路的简称。2013 年 9 月和 10 月，中国国家主席习近平分别提出建设 "新丝绸之路经济带" 和 "21 世纪海上丝绸之路" 的倡议。2014 年 11 月 4 日，习近平同志主持召开中央财经领导小组第八次会议，研究丝绸之路经济带和 21 世纪海上丝绸之路规划、发起建立亚洲基础设施投资银行和设立丝路基金。2015 年 3 月 28 日，国家发改委、外交部、商务部联合发布了《推动共建丝绸之路经济带和 21 世纪海上丝绸之路的愿景与行动》。"一带一路" 倡议路线图正式发布。

二、"一带一路" 倡议对中国与世界的意义

1. "一带一路" 倡议与中国全方位对外开放新格局

"一带一路" 倡议有利于形成中国全方位对外开放的新格局，建设一个包容性很强的互利互惠平台。继承古丝绸之路开放的传统，"一带一路" 同样秉持开放包容精神，倡议的地域和国别范围也是开放的。

2. "一带一路"倡议下中国对外直接投资战略

"一带一路"倡议将加快中国巨额外汇储备走出去的步伐，沿线国家将从中国投资中受益。"一带一路"沿线国家绝大部分是转型中国家和发展中国家，因此"一带一路"建设不仅要解决中国自己的城乡、区域间发展不平衡问题，也要在改革国际经济秩序中担当相应的责任与使命。

3. "一带一路"倡议与世界均衡发展

进入21世纪，世界经济陷入停滞，其根本原因在于全球化只是世界沿海地区的全球化，世界各国政治经济中心城市的全球化，世界经济的繁荣与增长只不过是世界沿海地区的繁荣与增长，广大的内陆地区并未真正纳入全球经济体系之中，尤其是发展中国家的内陆地区。把世界市场扩大到各大陆贫困的腹地，而打造联通亚欧沿海地区与大陆腹地的"一带一路"倡议将为此提供新型交通运输工具和传输能力，其对世界经济，尤其是内陆地区经济的促进和牵引作用将不次于海运对促进世界沿海地区经济增长曾经所起的作用，甚至能弥补海运的不足。"一带一路"建设将创造牵引内陆地区及世界经济增长和繁荣的新物流模式、贸易模式和发展平台。

打造"一带一路"经济带有助于促进欧亚非大陆腹地不发达地区的经济增长，改变全球经济政治的空间布局和活动方式及其流向，为世界范围内的均衡发展做出新的贡献。

"一带一路"倡议背后是中国日渐清晰的国家新战略，即推动与周边国家利益共同体的建设，通过投资、技术转让和援助，一步一个脚印，带动国内腹地和沿途国家的发展，深化与沿途各国的经贸、人文、生态、科技、教育等各领域合作，从而实现全方位开放格局，为国内经济政治体制的进一步深化改革创造条件，承担起一个稳健、成熟的世界大国应尽的地区责任与使命，实现中华民族伟大复兴的中国梦。

"一带一路"合作的重点就是"五通"，即政策沟通、设施联通、贸易畅通、资金融通、民心相通，"五通"的推进与建设需要语言相通做保障，所以要继续构建语言沟通战略即语言规划、语言安全、中间通用语、汉语全通和语言服务。因为政策、设施、贸易、资金、民心都靠语言。语言先行，语言是潜质要素，我们任重道远，语言互通贯穿于"五通"成果之中。

第二节 "一带一路"语言服务——以临沂为例

习总书记提出的"一带一路"倡议为企业国际化发展指明了方向。临沂作为中国物流之都、中国市场名城，拥有融入"一带一路"的独特优势。为了更好地完善语言服务人才培养模式，了解临沂市企业语言服务人才需求状况以及临沂企业"走出去"对语言服务人才的要求，临沂大学外国语学院多语种教学团队的主要成员以临沂市三区外贸企业为调查对象，对其语言服务人才需求进行分析。根据分析结果，探讨如何在已有专业的基础上设置合理的语言服务人才培养模式，以期能更有效地培养出满足企业需求的多语种服务人才。

一、问题的提出

近年来，临沂市委、市政府将"一带一路"倡议的实施作为发展机遇，积极推进临沂企业国际化。临沂企业已与64个"一带一路"沿线国家建立了贸易联系，越来越多的临沂企业"走出去"。企业"走出去"不仅需要企业的战略全球化，同样需要人才、产品、服务本地化，需要更加专业、全面的语言服务，语言服务助力企业全球化。

目前临沂企业"走出去"需要什么样的语言服务？地方高校如何适应企业的需求？临沂大学立足临沂、服务临沂，始终把社会需要作为学校办学的努力方向，外国语学院开设了英语、法语、俄语、日语、朝鲜语、阿拉伯语、西班牙语、德语八个语种，如何更好地满足当地企业走出去对语言的需求是临沂大学外国语学院亟待解决的问题。

为了更好地完善语言服务人才培养模式，了解临沂企业语言服务人才需求状况以及临沂企业走出去对语言服务人才的要求，临沂大学外国语学院多语种教学团队的主要成员以临沂市三区外贸企业为调查对象，对其语言服务人才需求进行分析，发现地方高校目前培养的语言类专业毕业生的语言服务水平还不足以满足企业发展的需求，并且突出反映了毕业生在语言服务中的问题。根据企业反馈，探讨基于"胜任力"的语言服务人才培

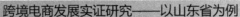

养体系，深入推进校企合作人才培养模式，培养更多的语言服务人才，为经济社会发展做出高校应有的贡献。

二、临沂市三区外贸企业语言服务人才需求情况调研

本调研以 42 家临沂市三区外贸企业的语言服务需求调查数据为基础，分析了临沂企业"走出去"对语言服务需求的基本状况。

调查使用"问卷星"软件通过微信平台展开，从 2017 年 8 月 3 日起至 8 月 25 日止，共获得 42 份填写了全部问题的有效答卷。调查问卷共设置了 15 道题目，以临沂外贸企业的语言服务需求为主线，包括企业基本概况、企业涉及的外语及外语业务、语言服务需求与类型、企业认为目前多语种专业毕业生在工作中存在的突出问题、与学校合作情况等内容。

1. 企业基本概况

企业基本概况部分包括企业性质、规模和所属行业信息，目的在于对企业进行归类。被调查的企业中，国有企业占 12.5%，私营企业占 75%，外资背景企业占 12.5%，所属行业主要是制造业（50%）、信息传输和计算机服务及软件业（12%）、批发零售业（10%），企业规模集中在 10～100 人（50%）、100～500 人（25%）。

2. 企业涉及的外语及外语业务

被调查企业中，企业业务发展涉及的外语语种主要有英语（100%）、西班牙语（50%）、阿拉伯语（50%）、法语（37.5%）、俄语（25%）；德语、葡萄牙语、日语、韩语也有涉及，但所占比例较小（均为 12.5%）。调查数据表明，临沂企业走向国际离不开英语的支持，英语是企业对外沟通交流的主要语言。英语应用广泛的原因，除了客户较集中在英语国家或者合作企业为国际化企业之外，一部分是由于企业的多语种服务能力不足，无法进行多语种转换，只能用英语作为沟通的桥梁，这也是中国企业走出去面临的共同问题。本次调查发现，随着"一带一路"倡议的继续推进，越来越多的临沂企业走向阿拉伯语国家及拉美国家，需要大量的阿拉伯语及西班牙语服务人才。根据调查数据分析，英语、西班牙语、阿拉伯语是被调查企业需求最大的语言，构成了一级语言市场；法语、俄语、德

语等构成二级语言市场；临沂企业"走出去"需要的多语种语言服务越来越多，这正是临沂企业国际化的体现。临沂大学外国语学院在专业设置上，涵盖了以上所有语种，这说明临沂大学外国语学院的专业设置符合当地经济发展的需求。被调查企业所涉及的外语业务主要包括与外商洽谈、产品介绍与宣传、企业形象包装与宣传、企业产品国际化营销服务、企业外语网站建设服务等，说明临沂企业所需语言服务人才主要是与外商洽谈业务，实现产品营销国际化，如表7-1所示。

表7-1 企业所涉及的外语业务

选项	比例
与外商洽谈、产品介绍与宣传	75%
企业产品国际化营销服务（多语种产品宣传手册制作、产品全球推介、品牌文化传播等）	65%
企业形象包装与宣传（宣传手册制作、宣传语制作、企业品牌推广等）	53.5%
企业外语网站建设服务	42.5%
语言相关资讯业务（多语在线客服、境外导购、导游等）	25%

3. 语言服务需求与类型

被调查企业中，首先，大多数企业都需要同时拥有专业能力与实践经验的语言服务人才，强调翻译实践经验的重要性；其次，要求有多学科背景，尤其是良好的"外语+电脑"学科背景的人才。数据表明，一半的企业需要有良好跨文化国际商务推广经验的语言服务人才。外贸企业对语言服务人才的要求还是比较高的，不仅要懂外语，还需要有实践经验。但也有部分企业只要求具有基本外语交际能力，主要是因为企业涉足外贸领域不久，暂时只能利用外贸平台进行一些简单的销售工作，因此对语言能力的要求不高，如表7-2所示。

表7-2 企业需要的语言服务人才

选项	比例
同时拥有专业能力与实践经验	89.5%
有多学科背景，尤其是良好的"外语+电脑"学科背景	75%

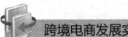

续表

选项	比例
良好的跨文化国际商务推广经验	50%
基本语言交际能力	25.5%

4. 企业对语言服务人才的知识与技能需求

在语言服务人才的知识与技能中，企业最看重的首先是客户关系管理与外语应用与表达能力；其次是电子商务战略，这与被调查的企业大部分是电商企业有关，这些企业想运用电子商务平台来拓展国际市场。另外企业并不太看重网站的开发能力，如表7-3所示。

表7-3　企业对语言服务人才的知识与技能需求

选项	比例
客户关系管理	87.5%
外语应用与表达能力	75%
电子商务战略	72.5%
网站开发	12.5%

5. 语言服务人才的职业素养要求

本次调研考察企业在招聘语言服务人员时，对申请人学位和学历背景、专业理论水平、个人诚信、沟通能力等因素的关注度。调查结果显示，不同规模企业关注度最高的前两大因素是：沟通能力和个人诚信。在这些职业素质中，专业理论水平被排到了最后，说明企业不太关注语言服务人员的语言理论水平。总体而言，学校在人才培养过程中，应注重培养学生的沟通能力。企业对应聘者的学位和学历背景、所获翻译资格证书的关注度相对较低，如表7-4所示。

表7-4　企业对语言服务人才的职业素养要求

选项	比例
沟通能力	100%
个人诚信	100%

续表

选项	比例
学位和学历背景	32.5%
翻译资格证书	36%
专业理论水平	9.5%

6. 目前语言（外语）毕业生在工作中突出的问题

企业认为目前从业毕业生在语言服务工作中存在的最大问题是所学专业知识不能有效应用在实际工作中，主要表现在专业知识不扎实，缺乏行业特点的专业知识背景。数据表明，临沂外贸企业并不十分满意目前高校培养的应届外语专业毕业生，其中一个原因是应届毕业生缺少相应的实践机会，如表7－5所示。

表7－5 目前从业毕业生在语言服务工作中突出的问题

选项	比例
专业知识不扎实	85%
缺乏行业特点的专业知识背景	92%
实践动手能力薄弱	61.56%
其他	0

7. 企业与学校建立产学研合作关系情况

被调查的企业中，只有少数企业与个别或者多个学校建立了产学研合作关系，超过一半的企业反映正在考虑与学校合作，如表7－6所示。这说明临沂企业与学校共同培养人才机制并不完善，越来越多的企业开始重视与学校联合培养语言服务人才，他们比较赞同的培养方式是：让学生到企业实习、兼职；结合院校的专业和教学特点，在高校课程体系中植入有特色的精品实训课程；让专家、企业家到学校讲课；建立实训教学基地；企业协助院校进行课题教学及研究。而大多数企业认为，高校开设与市场需求无缝对接的课程难度很大，如表7－7所示。一方面，市场需求多样化，很难开设无缝对接的课程；另一方面，"双师型"教师师资不足，也很难开设与市场需求无缝对接的课程。

表7-6 企业与学校建立产学研合作关系情况

选项	比例
和多个学校	11.11%
和个别学校	11.11%
没有合作	33.33%
正在考虑中	44.45%

表7-7 企业赞同的培养方式

选项	比例
让学生到企业实习、兼职	77.78%
让专家、企业家到学校讲课	22.22%
建立实训基地	22.22%
高校开设与市场需求无缝对接的课程	8.11%
结合院校的专业和教学特点，在高校课程体系中植入有特色的精品实训课程	55.56%
企业协助院校进行课题教学及研究	22.22%

三、基于"胜任力"的语言服务人才培养模式

"胜任力"这个概念最早是由哈佛大学教授 David·McClelland 在 1973 年正式提出的，指能将某一工作中表现优异者与普通者区分开来的个人深层次特征，它可以是某个领域知识、认知或行为技能的个体特征。我们把担任某特定任务角色所应具备的胜任力总和称为"胜任力模型"。

建立基于胜任力的人才培养模式。准确地把握企业对语言服务的需求，是实现高质量、高效率语言服务人才培养的重要因素。"什么方面需要重点培养""学生需要掌握哪些技能"等问题是首先需要解决的，即人才培养的内容是关键。发现学生的能力素质短板，对症下药，有针对性地设计培养内容和学习课程。

（一）语言人才培养需求分析

通过对 42 家企业的问卷进行归纳，并根据表 7-3 和表 7-4 企业对语言服务人才的知识与技能需求以及职业素养要求的调查数据，发现企业对语言服务人才培养建议主要可从专业技能和教学内容两个方面进行分析，如表 7-8 所示。

表 7-8 企业对高校语言人才培养的建议

选项	建议
专业技能	提高外语听说读写的基本技能
	提高商务外语翻译的能力
教学内容	增加商务翻译训练
	增加文化差异、各国国情课程
	普及跨境电商基础知识
	加强国际贸易实务实操
	增加客户管理类课程

基于企业性质和行业背景，被调查企业希望学生在外语学习中增加翻译训练、海外业务、商务知识、管理知识等，在教学方式上，企业对目前的教学方法提出的建议为：以实践性、互动式为主，增加后续定期培训等。

基于企业的语言需求，本书引入"胜任力"概念，参照"胜任力模型"在人力资源管理中的应用，分析从企业角度看优秀语言服务工作者应有的特征，对企业的语言服务需求进行分析，有针对性地提高学生的语言水平和国际适应力，从而满足企业"走出去"的需求。

（二）语言服务人才培养模式

为了更好地满足临沂企业走出去对语言人才的需求，我们将胜任力理论及胜任力模型引入语言服务人才培养模式中来。我们参考胜任力理论在人力资源培训中的应用，结合语言学习领域的自身特点，构建了基于"胜任力"的语言服务人才培养体系，如图 7-1 所示。基于"胜任力"的语言服务人才培养模式不仅重视对语言的训练，选择恰当的教学方法，而且在新的培养模式实施后对学生学习效果进行跟踪反馈，能够发现传统培养方案所存在的一些潜在问题，是对当前语言服务人才培养模式的一大拓展。

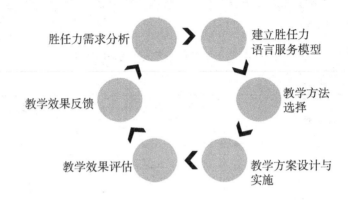

图7-1 基于"胜任力"的语言服务人才培养体系

（三）启示

第一，设置多元化课程体系，紧跟时代步伐。临沂外贸企业对语言服务者能力结构提出了新的要求，如语言专业能力、沟通能力、技术能力、管理能力、文化能力等，即"胜任力"特征。目前，很多学校外语专业仍然以提高翻译技能为主，但已经很难满足外贸企业的需求，这就需要我们转变教学理念，从企业的需求来设计课堂的教学内容，在翻译课程的基础上增加国际贸易实务、国际商务礼仪、Photoshop 图片处理、国家国情文化专题讲座、客户管理、海外营销与推广等课程，拓宽学生的国际视野，掌握外贸基本知识。

第二，创新教学方法，丰富教学手段。在教学中推行"模拟教学法""案例教学法""项目教学法"等多种教学法，使学生尽快熟悉商务知识。"模拟教学法"要求学生站在外贸工作人员的立场上，学习跨境电商平台操作，对贸易中遇到的实际问题进行分析，培养学生解决实际问题的能力。依据课程内容，设计课程教学方式，打造四大课堂协同培养：第一课堂为理论课堂上的实践教学，第二课堂为实训室开展的实训活动，第三课堂为校外实训基地的综合性实践活动，第四课堂为网络课堂。以四大课堂整合为核心的教学方式，培养既有商务理论功底，又具有实战经验的语言服务人才。

第三，分析市场需求，开展校企合作。随着经济和互联网的发展，语言服务的需求涵盖很多方面，这就需要学校与企业合作，定期进行需求统计和毕业生语言服务效果评估，开设适应新环境的课程。在人才培养过程中，应该积极寻求与企业合作，共同制订人才培养方案、开发课程标准、整合课程资源、组建"双师型"队伍、打造实习基地，推动各语种专业建设。2017年10月28日，临沂大学外国语学院理事会的成立推动校企合作走上了一个新的台阶。理事会建设是推动校企合作和产教融合，吸收社会各方力量参与办学的一项重大举措。全面加强与企业交流合作，可以凝聚各方智慧，汇聚发展力量，实现资源共享，推进融合发展，全面融入和服务临沂经济社会发展，实现学校与社会之间的人才培养、科学研究、师资共建"三打通"，实现学校语言服务人才培养与临沂企业需求之间的对接。深入推进校企合作人才培养模式，培养更多的语言服务人才，为经济社会发展做出积极贡献。

根据本次调查，被调查企业中将近一半愿意跟高校开展校企合作，合作方式呈现多样化，包括让学生到企业实习或兼职、让专家和企业家到学校讲课、建立实训基地、结合院校的专业和教学特点在高校课程体系里植入有特色的精品实训课程、协助院校进行课题教学及研究等。为实现外语毕业生能力培养与企业实际工作岗位的需求直接对接，可以采取以下措施。

1. 课堂开到企业

每个学期都要针对专业课程的设计要求组织学生到企业参观学习，了解专业技能在现实经济活动中的具体运用。

2. 公司建在大学

充分利用本地资源以及众多外贸企业的语言服务需求，利用国际贸易实操软件，鼓励一些对外贸有浓厚兴趣、专业基础扎实、表现比较活跃的各专业学生来完成，具体的运营工作由专业教师指导，这样既可以让学生把课堂所掌握的知识运用到具体实践中来，又可以鼓励学生勇于创业，积累经验。

3. 专家请到课堂

2016 年以来，临沂大学外国语学院英语、法语、西班牙语、阿拉伯语等 7 个语种的专业人才培养方案都有所调整，都增设了跨境电子商务、国际商务礼仪、跨文化商务沟通等能力拓展课程，此类课程的开设，可以提前使学生掌握实际工作岗位所要求的职业能力。但是此类课程实操性比较强，外国语学院目前缺乏既懂外语又懂商务的"双师型"教师，聘请企业专家担任实训指导教师可以有效解决这一问题。

第一，打造"互联网＋"语言服务平台。此平台可以整合"多语种语言人才"和"企业语言服务需求"两大资源。通过创新服务渠道，为全临沂的语言服务需求企业和外语学生提供服务协作，锻炼学生的外语应用水平，增加实践机会，提升语种服务能力。根据企业的语种需求，整合和协调学院具有该语种能力的学生为之提供精准的语言服务。

第二，改革教学效果评估与反馈，协同企业专家参与评价。传统教学对学生的考核往往限于通过期中、期末考试方式，用分数来衡量学生的学习效果。改革教学效果评估与反馈，需要学校连同合作企业强化实践教学环节，营造良好的育人氛围，争取取得学生学业水平高、社会认可度高的"双高"育人效果。另外，校内学生在学期末也有评教任务，每学年由学生对任课教师进行教学效果评价，包括师德师风、授课方法、教学内容、教学手段、批改作业等。学生也可以直接反馈对任课老师的建议或意见，加大学生的反馈力度，有利于教师开展既适合学生发展又适应企业需求的高效教学。

四、结论及建议

在"一带一路"倡议背景下，临沂企业走出去已成大势所趋，语言服务需求指标成为经济全球化发展的晴雨表。临沂大学外国语学院抓住临沂企业走出去的难得机遇，使中国文化走出去不仅仅通过电视剧、不仅仅通过孔子学院，而是通过每一个临沂企业的国际化步伐，让世界更多地了解临沂，也让临沂人了解外面的世界。临沂大学外国语学院也在积极从教学理念、内容、方法等方面进行改革和创新。语言服务人才培养必须注重实践的环节，让学生的理论学习与实践相结合，更好地解决所学知识与社会需要相脱节的问题。语言服务人才的培养需要多方面的共同努力和支持，积极寻求与企业的合作，共同制订人才培养方案，推动多语种建设，为当地企业走出去扫除语言障碍。

第八章 山东省出口跨境电商发展成果

2016年1月15日，经李克强总理签批，国务院印发《关于同意在天津等12个城市设立跨境电子商务综合试验区的批复》，同意在天津市、上海市、重庆市、合肥市、郑州市、广州市、成都市、大连市、宁波市、青岛市、深圳市、苏州市等12个城市设立跨境电子商务综合试验区。2014年初，山东省青岛市成为山东省首个跨境电子商务试点城市，在青岛市外贸龙头老大的带领下，山东省的跨境电商取得了长足的进步与发展。

第一节 青岛跨境电商发展背景

青岛局港目前是世界上最大的综合性港口之一，是世界第七大港口。保税港区区港一体，拥有120多条国际航线，与世界上180多个国家和地区的700多个港口建立了经贸往来。青岛西海岸出口加工区跨境电商产业园北接航空港，距胶东国际机场25公里，距青岛国际机场40公里，紧邻中铁联集青岛中心站，南邻青岛港，距青岛前湾码头4公里，位于沈海高速、青兰高速交界处。青岛加工区跨境电商产业园位于青岛新机场和市区滨海连线的中间位置，距青岛新机场仅11公里，汇集多条轨道交通，并成为两条国家干线高铁的交会点，地理位置优越。

青岛保税港区具有优越的仓储资源：20余万平方米的跨境电商专用库、2.2万平方米的冷藏库、4万平方米的恒温库；3万平方米的公共备货库；在美洲、欧洲和澳洲等地的8个国家布局3.5万平方米的海外仓。即将开工建设10万平方米的高端立体库，为全省发展跨境电商网购保税进口业务夯实了"承载空间"基础。

青岛保税港区具备卓越的功能优势。保税港区集保税区、出口加工区等多种不同海关特殊监管区功能、政策于一体，除具备开展跨境电商网购保税进口业务的优势，同时还可以开展直购进口、一般出口及特殊区域出口全模式业务，并充分发挥青岛港集装箱海运优势，现已开通中韩、中日海运直购进口业务。

青岛保税港区还具有独特的政策优势，是全省唯一可以开展网购保税进口（1210）业务的海关特殊监管区，具有"一区多国"的区域优势，并且总面积超过1.5万平方米的四处监管中心已全部正式运营。在全国海关特殊监管区域中，青岛前湾保税港区建成的监管中心不仅数量最多，而且面积居首，为下一步保税备货业务开展夯实了"便捷通关"基础。

2012年，郑州市发改委牵头批准五个跨境电子商务服务综合试验区，之后，海关总署希望大家都来开展这类服务试点。2014年1月，海关总署复函同意青岛开展跨境贸易电子商务服务试点。青岛的跨境贸易电子商务服务试点主要做出口业务，没有保税进口的试点政策。2014年6月，青岛市跨境贸易电子商务公共服务平台与海关监管系统平台顺利对接上线运行，跨境电商"一般出口"模式阳光通道开通。2014年9月，青岛市跨境贸易电子商务企业首笔"一般出口"模式订单出口退税顺利完成。"一般出口"模式下的业务跟税务系统完成了对接。2015年，青岛市启动"直购进口"模式试点。同年3月，"中韩海运直购进口"模式开启，青岛成为国内首个开展海运跨境电商直购进口的城市。2015年3月，通过山东省政府请示商务部，在青岛建设首个跨境电子商务综合实验区。2015年8月，青岛市商务局牵头起草完成《青岛市跨境电商综合试验区实施方案》，呈报山东省商务厅（青商贸字〔2015〕4号）并报商务部。

2016年1月，青岛市获批跨境电子商务综合试验区，同年4月，山东省政府建设方案印发并开始实施。2016年6月，青岛市政府成立中国（青岛）跨境电子商务综合试验区建设工作领导小组（青政办字〔2016〕78号），7月，青岛市编委办批复设立青岛跨境电商综试区服务中心（青编字〔2016〕16号），青岛市成立了由市长任组长的领导小组。7月，青岛市编委办也在综试区专门成立了一个服务中心，服务中心是一个全额拨款事业单位，并向营业办申请了 15 个编码。2016 年 6 月和 10 月，中国（青岛）跨境电子商务综合试验区建设工作领导小组分两批为综试区 13 个重点产业园区和 12 家示范企业举行授牌仪式。重点产业园基本上涵盖了七区三市所有地方保税港区产业园和出口加工，目前承接保税进口业务的主要是一个线下的载体。青岛综试区突出青岛的本土优势，服务于国家"一带一路"倡议和自贸区战略，构建跨境电商网络，打造网上丝绸之路，是"互联网＋大外贸"的创新示范高地，成为国内重要的一个区域电子商务中心。

第二节　青岛跨境电子商务综合试验区发展

青岛综试区的定位是突出青岛本土优势与特色，服务国家"一带一路"倡议和自贸区战略，构建"一带一路"沿线跨境贸易电商网络，探索打造"网上丝绸之路"；建设国家自贸区战略与地方合作跨境电商发展机制，率先开通并有效运用自贸区协定政策体系的跨境电子商务运行平台。经过改革创新发展，将青岛综试区打造成为对接国家两大开放战略、带动全省跨境电商创新发展的"互联网＋大外贸"创新示范高地。探索边创新、边借鉴、边推广的动态发展路径，形成引领全球跨境电子商务发展的运行规则。加快推进把青岛建设成为东北亚区域性国际贸易中心城市，发挥电子口岸优势，全力打造国内重要的区域性电子商务服务中心。

为突出青岛综试区口岸优势，青岛市商务局创新扶植"两平台、六体系"。两平台，一是依托电子口岸"单一窗口"，建设集海关、商检、税务、外汇、商务、交通、金融、信保等于一体的线上信息综合服务平台，实现"信息互换、监管互认、执法互助"；二是采取"一区多园"的布局方式，建设线下载体支撑平台，提供通关、物流、金融、人才等"一站式"综合服务，承接线上"单一窗口"平台功能，促进线上、线下联动发展。六体系是指信息共享、金融服务、智能物流、电商信用、风险防控体系、统计监测。

第三节　五大发展机制，"四合一"发展模式

为突出青岛本土特色，青岛市商务局构建五大发展机制、推进"四合一"发展模式。按照"制度创新、综合配套"的建设原则，开展十项重点工作。与杭州等最初综试区发展蓝本不同，青岛综合试验区创新提出了五大发展机制。

①突出"产贸融合"特色，构建数据化贸易驱动优进优出发展机制。产贸融合是借鉴海尔海贸云商模式，因此把产贸融合作为发展"互联网＋大外贸"的一个重点发展方向，实现跨境电商的在线资源整合，配置优化产品研发、海外营销和金融的一体化公共服务。构建数据化贸易驱动优进优出发展机制，依托产业资源基础优势，搭建跨境电子商务外贸创新服务平台，将外贸全流程按节点拆分为标准化步骤，逐步建成生产与需求紧密结合的全程数据化大贸易。将需求数据、信息及时传达给生产企业，使产能根据市场需求变化快速做出反应，组织适销产品，创新生产，优化出口结构。通过建设大宗商品进口线上交易平台，促进生产企业集体采购原材料，提升议价能力，降低进口成本。

②突出"金融创新"特色，构建互联网大数据，推进贸易融资发展机制。这是青岛市作为目前国内唯一的财富管理金融综合改革试验区，利用互联网大数据来推动贸易融资，创新交易支付的服务方法。

③突出"多市联运"特色，构建互联网信息流引领物流绿色发展机制。建立智能物流体系，实现运输资源的高效整合与运输组织的无缝衔接。根据跨境贸易信息流变化匹配生成最优物流运输组合方式，实现跨境商品流通路径最短化。以跨境电子商务的贸易直线化推动物流直通化，减少物流环节，缩短物流周期，降低污染物和二氧化碳排放，向绿色物流转变。

④突出"转型升级"特色，率先在青岛口岸构建货物贸易和服务贸易融合发展机制。跨境电商要转型升级，传统外贸向国际贸易转变，利用青

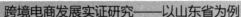

岛口岸，构建货物贸易和服务贸易融合发展。以跨境电子商务助推对外贸易向货物贸易与服务贸易协同发展方向转变。依托跨境电子商务货物贸易发展，带动跨境信息、物流、金融技术、宣传、语言服务等服务贸易发展。依托大数据、物联网、云计算等技术服务，促进对外贸易由物流主导向信息流主导转变。以跨境电子商务信息服务，引领整合结算、运输等相关服务，促进跨境电子商务货物贸易进一步便利化。

⑤突出"深化改革"特色，构建线上线下、境内境外大市场联动发展机制。青岛是商务部批准的国内贸易流通体制改革的一个综合试点城市。要引导境外的消费回流，借助这个地理优势，推进免税贸易的发展，推动内外贸融合发展。深化国内贸易流通体制改革，发展综合试点，推动建立内外贸融合发展的电子商务贸易模式。支持具备条件的企业建立面向境内外市场的跨境电子商务营销平台，鼓励线下外贸加工制造企业设立线上营销店铺，培育内外贸一体化经营跨境电子商务企业，促进线上线下融合发展。

青岛综试区的另一个创新点就是"四合一"的发展模式。"四合一"发展模式是指扶持跨境电商 B2B、M2B（工厂对销售商）模式，并与 B2C、M2C（工厂对消费者）模式并行发展。一是发挥"海贸云商、新华锦贸通"等外贸综合服务平台的示范引领作用，逐步建立跨境电商 B2B 出口价值链和生态圈。发展 M2B 模式，促进加工制造企业由生产型向生产服务型转变。二是推广红领集团（酷特智能）互联网工业发展模式，推广建立 B2C 境内外消费价值链和生态圈，以境内外消费者需求为导向，从被动接单转向与消费者互动营销，拓展境内外营销渠道。

目前，青岛综试区十项重点工作为：创新优化产贸发展制度环境，创新推进现代国际贸易电子商务平台建设，创新完善金融综合服务体系，创新发展跨境智能物流体系，完善线下载体配套体系建设，创新跨境电子商务信用管理体系，创新跨境电子商务统计监测制度，创新推进电子商务人才发展支持平台建设，建立风险防控制度和监督体系，创新探索跨境电子商务国际引领规则。

第四节　山东省出口跨境电商试验区阶段性成果

《商务部等14部门关于复制推广跨境电子商务综合试验区探索形成的成熟经验做法的函》（商贸函〔2017〕840号）中所列的包括12大类经验做法36条具体举措中，青岛市涉及其中的11大类经验28条具体措施，经验推广覆盖率接近80%。

一、探索夯实两平台基础

完善跨境电商"单一窗口"功能，建设线上"平台云"，开展综合服务。青岛综试区"单一窗口"已与海关、商检等部门对接，实现企业和商品备案、商品预归类查询、海关及检验检疫申报、退税申请（单点登录）功能，满足企业开展进出口B2B、进口B2C直购、进口B2C保税等全业务流程需求。2017年，"单一窗口"跨境电商零售业务总订单量为268万单，总交易额4.6亿元。青岛综试区的"单一窗口"功能，在相关部门的支持下，已经实现了商品企业备案，包括开展一些业务进口的全流程需求，完全满足了企业的需求。

13个跨境电商重点产业园和12家示范企业产贸融合和产业集聚效应凸显。保税港区等有查验现场和港口条件的园区重点建设跨境电商综合服务平台，重点开展保税备货模式业务；即墨陆港产业园依托海运快件中心和跨境电商监管仓库，开展面向日韩的跨境电商直购进口。黄岛、胶州等产业园重点引入国内跨境电商服务企业，引导传统制造企业转型；李沧邮政跨境电商产业园发挥邮政普惠及网络优势，加强人才孵化、跨境电商创业；市南、市北、崂山等区建立跨境电商孵化基地，提供跨境电商业务一站式服务，吸引外资企业入园开展跨境电商业务。城阳区发挥物流空港优势，开展跨境直购和仓储运输配套服务。莱西、平度等产业园重点依托速卖通等平台，开展家用电器和蔬菜水果等特色产品跨境电商出口。

二、持续推动六体系建设

完善信息平台功能，实现监管部门及企业信息共享。目前，青岛已有178 家跨境电商企业与青岛综试区跨境电商"单一窗口"进行对接，实现海关、商检等政府管理部门之间及电商、物流、金融机构等商业主体信息共享，为信息共享、金融服务、智能物流、电商信用、统计监测、风险防控六体系的建设提供信息基础及交换平台。

探索金融服务方式，助力中小跨境电商企业发展壮大。青岛市商务局、外汇管理局支持青岛银行、中国出口信用保险公司山东分公司推出《"银贸通"出口订单融资模式实施办法》。企业无须提供抵押担保，仅需提供有效订单、信用证等即可获得贷款，总授信额度最高可达 300 万元人民币。依托青岛银行和中国出口信用保险山东分公司，推出以"银贸通"为基础的出口订单融资模式实施办法，这种模式是值得推广的，可以复制推广给威海、烟台等城市。

青岛市目前只有 178 家企业在窗口进行具体对接。很多企业做直购进口，直接对接海关业务系统。随着国家商务部对跨境电商国家标准版的建立，青岛企业对接"单一窗口"还需进一步加强。

布局智能物流驿站，建设"一带一路"双向贸易通道。依托商务部批复，支持青岛建立的欧亚经贸合作产业园，建设线下智能物流丝路驿站，打造青岛市企业在巴基斯坦、柬埔寨等境外国家建设的 17 个园区实现多点互动、信息互通平台，延伸青岛跨境电商综试区海外供应链服务。据不完全统计，截至 2017 年青岛市有近 200 家企业利用海外仓布局跨境电商出口业务，已建成 30 多个公共海外仓，总面积超过 15 万平方米。

引导跨境电商质量溯源体系建设，创新作为中国检验检疫学会确定的重要商品质量安全追溯物流网工程，中国青岛质量检测溯源平台已启动建设。平台采用检测互认机制，实时提取检测机构的检测信息，为商品追溯提供检测数据支持。山东省商务厅与山东省检验检疫局，研究推动建立中国跨境电子商务质量安全风险青岛监测中心。

建立跨境电商数据库，完善统计指标体系。截至 2017 年，青岛综试区已建立跨境电商企业信息定期报送制度，指标统计样本企业数量已达到200 家。定期对综试区跨境电商及配套服务企业情况进行汇总，探索邮政小包、快件等纳入 9610 项下统计，持续完善全市跨境电商业务指标体系。

三、推动青岛综试区营商环境优化

青岛市各监管部门全力支持新业态发展，拓展"双创"渠道，完善生态环境，对内整合资源，对外扩大运能，提升效率。基于互联网思维，青岛市构建起红盾大数据鹰眼监测系统、"双随机、一公开"监管平台和企业信用信息平台三大事中事后监管平台，步入智慧监管时代。2017 年 10 月，即墨区一家新建纺织服装类市场在网络上发布了百余条招商信息，并多次使用"零风险""高收益""日进斗金"等涉嫌违反广告法的内容。青岛市工商局第一时间监测到这些信息，即墨区市场监管局进行了现场调查，查实违法行为后，对其处以罚款同时责令停止发布虚假违法广告。在违法行为侵害相关商户权益之前就及时加以制止，2016 年 7 月上线运行的"青岛红盾大数据鹰眼监测系统"对该案件的查处功不可没。该系统上线至 2018 年 9 月，已抓取信息 133 万余条，智能推荐相关信息 8828 条，人工研判信息 2200 条，启动调查 62 次，推动青岛市市场主体监管由被动式的事后监管，变为基于问题导向、联动监管、联合惩戒的事中监管模式。

由青岛市工商局牵头，率先在全国开发建设了全市统一的"双随机、一公开"监管平台，在全国首次实现了抽查事项清单、市场主体和执法检查人员名录库的全覆盖。2016 年，通过该平台共抽取 29691 户各类市场主体，进行了年报信息、登记事项、公平交易等各方面的综合检查，构建起了事中事后综合监管新模式。

2017 年 2 月，青岛市启动青岛市企业信用信息服务平台，实现了政府部门间的企业信息查询共享和信用分析。截至 2017 年，青岛市企业信用信息平台，已归集 48 个政府部门 829 余万条涉企信息数据，内容包括行政许可、备案、行政处罚、表彰荣誉等，为跨部门协同监管提供了充实的信息支撑。单向的监管，变成了多向的共治。在日益完善的信用环境之下，越来越多的企业自觉形成了依法依规经营的意识。2017 年青岛市累计受理 499 家企业申请市级"守合同重信用"企业公示，较2016年增长了128%。

青岛综试区将继续强化协同机制，加速市场主体集聚形成规模效应。保税备货业务模式见实效，并总结经验推广应用。

按照国务院常务会议的部署，山东省在新设跨境电子商务综合试验区，复制推广以下经验做法：

一是构建六大体系，企业、金融机构、监管部门等信息互联互通的信息共享体系；"一站式"在线金融服务体系；全程可验可测可控的智能物流体系；分类监管、部门共享和有序公开的电子商务信用体系；为企业经营、政府监管提供服务保障的统计监测体系；风险防控体系。

二是建设线上"单一窗口"和线下"综合园区"两个平台，实现政府部门间信息互换、监管互认、执法互助，汇聚物流、金融等配套设施和服务，为跨境电子商务打造完整产业链和生态圈。

山东省通过以上举措，将以更加便捷高效的新模式释放市场活力，促进企业降低成本、增加效益，支持外贸升级发展。

附录：临沂市出口跨境电商（B2B）从业人员调查研究报告

一、调研背景

《山东省跨境电子商务发展行动计划》中部署了跨境电子商务"635工程"（鲁政办发〔2015〕33号），力争在2017年，全省跨境电子商务年交易额突破200亿美元。临沂市委、市政府高度重视跨境电商发展，将跨境电商作为推进临沂商城国际化建设的重点。2016年临沂市共有500多家外贸企业开展了跨境电商业务，实现跨境电商交易额23.4亿元，增长15.4%，占全市出口总额的5.8%。

行业发展促生对跨境电商人才的需求，早在《2014年临沂市电子商务发展报告》中，就已经指出"电子商务专业人才缺口大，主要表现为人才尤其是高端人才严重不足且流动性较强；中低端人才难以转化为高端人才，影响产业后续发展动力；院校专业学生实践环节与企业需求脱钩等。"

随着跨境电商行业的不断发展，跨境电商企业销售的产品品类和销售市场更加多元化，企业对电商人才的要求也不断提高。目前不仅财经类和综合类的院校开设有国际贸易专业，理工类院校、师范类院校以及农、林等其他院校也大都设立了国际贸易专业。2015年，中国国际贸易学会公布了全国首批47所拥有跨境电商考培资质的院校。这些高校所开展的跨境电商培训坚持"实用操作为主，理论够用为辅"的原则，通过对学员进行岗位的业务技能考试，达到在互联网上从事国际贸易的能力，满足毕业生从事跨境电商创业和跨境电商企业对专业人才的迫切需求。

跨境电商企业对人才的综合性需求较强，在跨境电商方面，存在很大

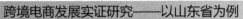

的人才缺口。尽管高校每年向企业输送大量的国际贸易专业和电子商务专业的毕业生，但是，依然有很多的跨境电商企业面临跨境电商人才的缺口。

据此，本调研组对临沂市出口跨境电商（B2B）从业人员情况进行调查研究，并从高校人才培养的角度对调查中出现的问题提出相应对策，旨在解决人才供给矛盾，全面推进跨境电商人才的专业化、标准化培养，实现学校人才输出和行业人才需求之间实现无缝衔接。

二、基本概念

（一）跨境电商的界定

跨境电子商务是指分属不同关境的交易主体，通过电子商务平台达成交易、进行支付结算，并通过跨境物流送达商品、完成交易的一种国际商业活动。

跨境电商概念的论述可以分为狭义和广义两个角度。

狭义上看，跨境电商实际上基本等同于跨境零售。跨境零售指的是分属于不同关境的交易主体，借助计算机网络达成交易进行支付结算，并采用快件、小包等行邮的方式通过跨境物流将商品送达消费者手中的交易过程。通常跨境电商从海关来说等同于在网上进行小包的买卖，基本上针对终端消费者。随着跨境电商的发展，跨境零售消费者中也会含有一部分碎片化小额买卖的 B 类商家用户，但现实中这类小 B 商家和 C 类个人消费者很难区分，也很难界定小 B 商家和 C 类个人消费者之间的严格界限，所以，从总体来讲，这部分针对小 B 的销售也归属于跨境零售部分。

广义上看，跨境电商基本等同于外贸电商，是指分属不同关境的交易主体，通过电子商务的手段将传统进出口贸易中的展示、洽谈和成交环节电子化，并通过跨境物流送达商品、完成交易的一种国际商业活动。

从更广意义上看，跨境电商指电子商务在进出口贸易中的应用，是传统国际贸易商务流程的电子化、数字化和网络化。它涉及许多方面的活动，包括货物的电子贸易、在线数据传递、电子资金划拨、电子货运单证等内容。从这个意义上看，在国际贸易环节中只要涉及电子商务应用都可以纳入这个统计范畴内。

（二）跨境电商的基本分类

我国跨境电子商务主要分为企业对企业（B2B）和企业对消费者（B2C）的贸易模式。B2B 模式下，企业运用电子商务以广告和信息发布为主，成交和通关流程基本在线下完成，本质上仍属传统贸易，已纳入海关一般贸易统计。B2C 模式下，我国企业直接面对国外消费者，以销售个人消费品为主，物流方面主要采用航空小包、邮寄、快递等方式，其报关主体是邮政或快递公司，目前大多未纳入海关登记。

三、调研对象

由于 B2C 模式下，跨境电商数据难以统计，因此，本次调研对象是 B2B 模式下的临沂出口跨境电商企业。

四、调研意义

（一）梳理行业人员数据，展现行业人员风貌，促进行业良性发展

本次调研呈现临沂市跨境电商从业人员的全貌，有利于企业进一步从人才的角度对行业加深了解。同时，本次调研将指出行业人员现存的问题以及面临的机遇，能够为企业人才管理提供一个较好的角度，有助于企业人才管理升级，促进企业在管理上的良性发展。

（二）以人才需求为基础，为高校人才培养提供方向

跨境电商是典型的整合性学科，体现在经济学、管理学、信息技术和法律等学科的交叉和整合。数据显示，高校每年向社会输送大量的国际贸易专业和电子商务专业的学生。但是，兼具国际贸易和电子商务特征的跨境电子商务企业对人才的综合性需求较强。单一的专业无法满足企业对人才的需求。跨境电商行业很多企业认为，在应届毕业生中，很难招到合适的跨境电商人才。同时，前期调查数据也表明，企业不信任大学的跨境电

商行业的人才培养质量。这就需要高校以人才需求为导向，调整人才培养模式和思路，弥补高校输出和社会需求之间的缺口。

本项目的研究，有助于高校更清楚地了解行业人才需求，从而调整人才培养思路，加快学科间的整合和协作，更好地为行业输送人才。

五、研究内容和实施方法

本次调研内容包括以下四个方面：

①现有企业跨境电商人才的来源情况、目前存在的问题；

②企业对未来跨境电商人才的需求和期望、应具备的能力情况；

③企业对跨境电商人才教育和培训的认识、期待的培训内容；

④高校培养跨境电商人才的重点。

本项目主要采用文献研究和调查问卷两种方法收集数据，通过数据分析得出研究结果，有步骤、有计划地实施课题研究工作，具体如下：

文献研究法主要通过中国知网和相关权威咨询公司的报告搜集整合全国跨境电商人才的相关资料；通过调查问卷整理和分析临沂市出口跨境电商从业人员的相关数据；针对人才需求现状及痛点，通过数据研究进行分析。

第一阶段（2017 年 4 月—2017 年 5 月）资料搜集阶段。本阶段的研究任务是：确定资料搜集方向，制定方案，查阅文献，调研全国出口跨境电商（B2B）从业人员状况。

第二阶段（2017 年 6 月—2017 年 8 月）设计、发放和回收调查问卷阶段。利用软件制作并发放调查问卷，收集临沂出口跨境电商（B2B）从业人员状况。

第三阶段（2017 年 9 月—2017 年 11 月）资料整理提炼阶段。本阶段的研究任务是：在对有关研究资料进行分析整理的基础上，形成初步成果。

第四阶段（2017 年 12 月）：总结阶段。完成调研报告。

本次调研根据研究内容，利用网络软件设计问卷，生成问卷链接和二维码，借助临沂市商务局的支持，向相应企业进行调查研究。设置的问卷文本内容见链接 https：//www.wjx.cn/jq/18131641.aspx。

最终，本课题共收集 71 个样本，经过筛选最终剩余 64 个有效样本。

六、数据分析

（一）临沂市出口跨境电商（B2B）从业人员现状

根据本次调研整理的数据资料，其中赛兔网在卖家数据的调研报告中指出：中国出口跨境电商从业人员主要集中在广东、浙江、上海、福建和北京。广东省有四个城市进入卖家前十（见图 1）。其中，深圳凭借其有利的地理位置和资源条件位列榜首，发展迅猛。金华因为其所辖的县级市义乌位列第三。

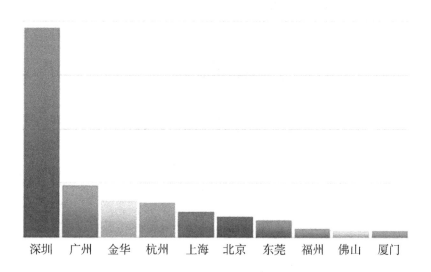

图 1　全国跨境电商从业人员所处城市

在卖家性别比中，男女七三开的性别比例，说明跨境电商是一个需要高度耗费体力的行业。三成女性从业人员中，大部分从事采购、客服、产品管理等职务。

从业人员中 20～40 岁年龄段占据九成以上，40～59 岁年龄段从业人员占据 7%，20 岁以下从业人员占据 1%（见图 2）。

本科和高中文凭的从业人员最多，初中以下的文凭也占了 20%（见图 3）。

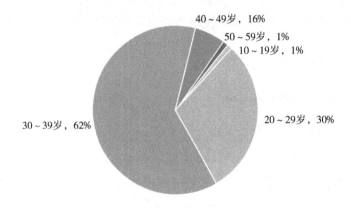

图2　全国跨境电商从业人员年龄分布

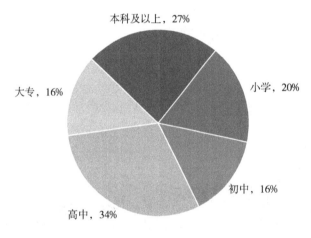

图3　全国跨境电商从业人员学历情况

　　早上9点达到卖家工作最高峰。上午10~11点和下午的2~4点也是卖家集中工作的时间。凌晨1点，依然还有超过10%的从业人员坚守岗位（见图4）。

　　从全国数据可以看出，跨境电商行业是一个以年轻从业者为主的行业，电商企业多处于物流发达且具有良好商业氛围的城市。该行业对从业人员的学历要求不高，本科居多，甚至有高中毕业的从业人员。此外，该

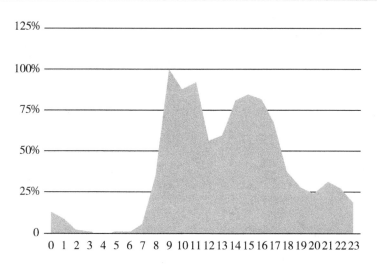

图4　全国跨境电商从业人员工作时间

行业工作时间具有明显的高峰段，行业也具备一定的工作压力。

和全国数据相比，临沂市出口跨境电商（B2B）从业人员则呈现以下特点：在所调查的企业中，贸易型企业为 20 家，生产型企业为 19 家，工贸一体型企业为 25 家（见图5）。其中，中小型企业占绝大多数，100 人以上企业仅 4 家（见图6）。所有的企业均承认存在人才缺口（见图7）；员工年龄主要分布在 20～29 岁和 30～39 岁（见图8）；所有企业均希望聘用复合型人才，岗位为技术岗和业务岗；倾向于国际贸易、外语和国际物流专业；最低学历要求为本科；企业关注外语能力、业务操作、信息处理能力和交流沟通能力；重视责任心、吃苦耐劳和团队协作素质，希望人才具备外语知识、国际贸易知识和报关货运知识。

1. 贵企业性质是？　　[单选题]

选项	小计	比例
贸易型企业	20	31%
生产型企业	19	30%
工贸一体型企业	25	39%
本题有效填写人次	64	

图5　临沂市出口跨境电商（B2B）企业性质

2. 贵企业现有员工数量是？ [单选题]

选项	小计	比例
9 人及以下	14	22%
10~49 人	30	47%
50~99 人	20	31%
100~499 人	4	0
500 人以上	0	0
本题有效填写人次	64	

图6　临沂市出口跨境电商企业（B2B）员工数量

3. 贵企业是否存在跨境电商人才缺口？ [单选题]

选项	小计	比例
是	64	100%
否	0	0
本题有效填写人次	64	

图7　临沂市出口跨境电商企业（B2B）是否存在人才缺口

4. 贵企业现有员工分布最多的年龄段是？ [单选题]

选项	小计	比例
19 岁以下	0	0
20~29 岁	24	38%
30~39 岁	40	62%
40~49 岁	0	0
50 岁以上	0	0
本题有效填写人次	64	

图8　临沂市出口跨境电商企业（B2B）人才年龄分布

从临沂市数据来看，B2B模式下临沂市的出口跨境电商企业基本分为三种性质：贸易型企业、生产型企业和工贸一体型企业。工厂和贸易一体型的企业，具备货源充足和质量可控的优势，有利于企业转型升级。其中，工贸一体型企业最多，占比39%。这说明，临沂的跨境电商企业具备转型和升级的能力，在全国电商市场具备一定的生产优势。

（二）临沂市出口跨境电商企业（B2B）对人才的需求

根据中国电子商务研究中心所公布的《中国跨境电商人才研究报告》，跨境电商企业人才数据如下：出口跨境电商企业更需要招聘国际贸易、电子商务和外语专业的人才（见图9）；青睐本（专）科毕业的实用及复合型人才（见图10），急缺业务型岗位人员（见图11）；对大学培养的跨境电商人才有所怀疑，更倾向于接受各跨境电商平台、企业自身或培训机构所组织的培训（见图12）。

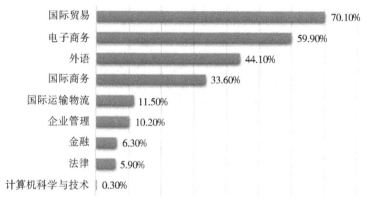

图9 企业对人才的专业需求

和全国数据相比，临沂市出口跨境电商（B2B）从业人员要符合图13～图18所示的企业需求：企业一致认为应届生在实际操作和国际视野上尚有不足之处，84%的企业认为应届生在语言实际运用能力上也需要提高；78%的企业愿意参加培训来提高企业人员的能力和素质；企业对电商平台推出的培训最感兴趣，86%的企业希望行业内大卖家组织培训；92%的企业期待能得到电商技术方面的指导；所有企业均认为高校要加强学生营销、技术和国际视野能力的培养。

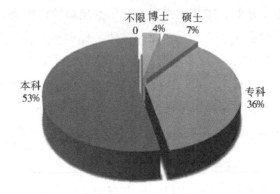

图 10   企业对人才的学历需求

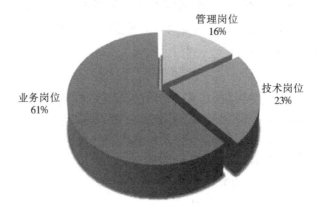

图 11   企业对人才岗位需求

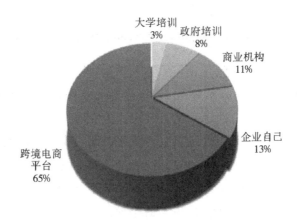

图 12   企业期待的人才培养方式

5. 贵企业希望聘用的理想跨境电商人才类型是？ [单选题]

选项	小计	比例
专业型人才	24	38%
复合型人才	40	63%
本题有效填写人次	64	

图 13 临沂市出口跨境电商企业（B2B）对人才类型需求

6. 贵企业录用跨境电商人才时，倾向于哪些专业？ [多选题]

选项	小计	比例
国际贸易	64	100%
电子商务	59	92%
外语	64	100%
国际物流	60	94%
企业管理	20	31%
金融	0	0
法律	0	0
计算机科学与技术	25	39%
其他	0	0
本题有效填写人次	64	

图 14 临沂市出口跨境电商企业（B2B）对人才专业需求

7. 贵企业需要跨境人才的岗位有哪些？ [多选题]

选项	小计	比例
管理岗位	0	0
技术岗位	64	100%
业务岗位	64	100%
本题有效填写人次	64	

图 15 临沂市出口跨境电商企业（B2B）对人才岗位需求

8. 贵企业技术岗位招聘跨境电商人才的学历要求是？ [单选题]

选项	小计	比例
高中	0	0
专科	14	22%
本科	64	100%
研究生	0	0
本题有效填写人次	64	

图16 临沂市出口跨境电商企业（B2B）对人才学历需求

9. 贵企业录用跨境电商人才时，看重他们的哪些能力？（限选三项） [多选题]

选项	小计	比例
外语应用能力	64	100%
业务操作能力	64	100%
信息处理能力	50	78%
主动学习能力	30	47%
解决问题能力	0	0
交流与沟通能力	50	78%
可持续发展能力	0	0
多个岗位操作能力	2	0.3%
其他能力	0	0
本题有效填写人次	64	

图17 临沂市出口跨境电商企业（B2B）对人才能力需求

由数据可见，临沂市出口跨境电商企业（B2B）对人才的要求为：本科或以上学历，复合型人才，兼具语言和业务操作能力；国际贸易和外语相关专业优先考虑；注重人才的外语应用、业务操作、信息处理和沟通能力；关注人才的敬岗爱业、团队合作和对企业的忠诚度。其中，企业特别重视员工对企业的忠诚度，这从侧面反映了跨境电商企业存在人员流动性强的特点。

10. 贵企业录用跨境电商人才时，看重他们的哪些素质？（限选三项） [多选题]

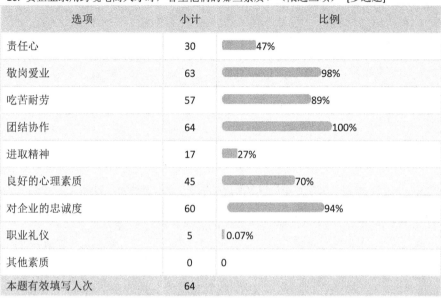

选项	小计	比例
责任心	30	47%
敬岗爱业	63	98%
吃苦耐劳	57	89%
团结协作	64	100%
进取精神	17	27%
良好的心理素质	45	70%
对企业的忠诚度	60	94%
职业礼仪	5	0.07%
其他素质	0	0
本题有效填写人次	64	

图 18 临沂市出口跨境电商企业（B2B）对人才素质需求

（三）临沂市出口跨境电商企业（B2B）对自身员工的培养情况和需求

出口跨境电商企业所需要的人才，要熟悉产品的国际市场，具备使用外语进行良好沟通的能力。同时，跨境电子商务要求从业人员具备国际视野，较全面的了解当地消费者的生活方式、消费习惯，并且需要具备国际贸易、跨境物流的常识和各国相关的法律政策。当高校输出的人才无法和企业需求实现无缝连接时，企业会积极的对员工进行培训。

在调研中，可以发现企业对跨境电商的培训非常感兴趣，全部被调查企业均表示愿意参加企业培训。同时，本课题组也发现，企业对行业大卖家和电商平台组织的培训更感兴趣（见图 19 ~ 图 21）。

由此可见，跨境电商是一个对实操性要求较高的行业。面对世界经济形势严峻，跨境电商企业也面临转型和升级的需求。因此，企业渴求复合型人才，也对本企业员工技能和素质的提升有迫切地希望。

13. 贵企业员工是否参加过跨境电商方面的培训，是否愿意继续参加培训？ [单选题]

选项	小计	比例
是，愿意继续参加。	50	78%
是，不愿意继续参加。	0	0
否，愿意参加。	14	22%
否，不愿意参加。	0	0
本题有效填写人次	64	

图 19　临沂市出口跨境电商（B2B）企业对培训的愿景

14. 如果贵企业员工参加跨境电商培训，期望主办单位为？ [多选题]

选项	小计	比例
大学	10	0.16%
政府	50	78%
商业机构	45	70%
企业	55	86%
跨境电商平台	64	100%
本题有效填写人次	64	

图 20　出口跨境电商（B2B）企业期待的培训主办方

15. 贵企业如果参加跨境电商培训，期待哪些培训内容？ [多选题]

选项	小计	比例
互联网营销	64	100%
电商技术类	59	92%
电商企业管理	30	47%
理论课程	10	16%
实操技能	50	78%
本题有效填写人次	64	

图 21　出口跨境电商（B2B）企业期待的培训内容

（四）高校人才输出和行业需求的矛盾

跨境电商行业人才管理中，"人才吸纳和培养不足，跨境电商人才招聘困难"位列第一。广东省电子商务标准化技术委员会副主任陈海权在2017年第二届全球跨境电商峰会中做了《跨境电商人才培养与普惠贸易的发展》的发言，发言中指出："中国跨境电商相关领域的人才缺口，据不完全统计有450万，2017年以39%的速度在增加。中国大学应届毕业生也存在专业知识不扎实、视野不宽、知识面窄、知识陈旧的不足之处。"

本次调研的数据：所有被调查企业均认为应届生在实际操作和国际视野上尚有不足之处，54%的企业认为学生的语言实际运用能力也需要提高，16%的企业认为学生还需要加强理论知识的培养（见图22）。

12. 在从事跨境电商行业时，贵企业认为应届毕业生有哪些不足之处？ [多选题]

选项	小计	比例
语言障碍	54	84%
实操技能	64	100%
国际视野	64	100%
理论知识	10	16%
本题有效填写人次	64	

图22　应届毕业生从事出口跨境（B2B）的不足之处

由数据可知，尽管高校重视跨境电商方向人才培养，但由于该行业自身的特点，高校所输出的人才和企业需求之间依然有需要磨合的地方。

七、高校培养跨境电商人才策略

根据调研报告，被调查企业均表示应加强学生互联网营销、电商技术和实操技能的培养，70%的企业认为高校还应加强学生理论知识和语言知识的培养（见图23）。

跨境电商系列课程根据社会与市场的需求、以培养掌握外语基本技能、国际商务知识与电子商务知识的复合型涉外商务人才为目标。课程设

16. 从目前应届毕业生情况来看,学校在培养跨境电商人才时,应该加强学生哪些方面的学习,才能更好地满足企业需求? [多选题]

选项	小计	比例
互联网营销	64	100%
电商技术	64	100%
电商企业管理	10	16%
理论知识	45	70%
实操技能	64	100%
语言基础	45	70%
国际视野	63	98%
本题有效填写人次	64	

图 23 临沂市出口跨境电商（B2B）企业认为高校对人才的培养重点

计遵循以职业能力培养为重点,以跨境电商岗位职业标准为依托,基于工作过程进行课程开发。跨境电商系列课程需要体现课程系统性、职业性、实践性和开放性的要求,融合"教、学、做、创业"为一体的工学结合课程建设模式。

基于以上理念,本调研提供了一个课程建设模板（见图24）,一个人才培养模型（见图25）,以及四个人才培养策略。

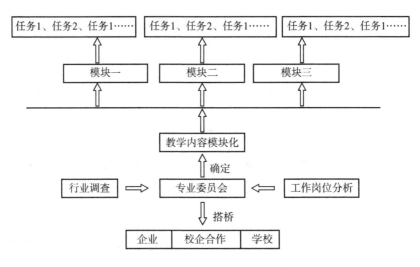

图 24 跨境电商课程建设模板

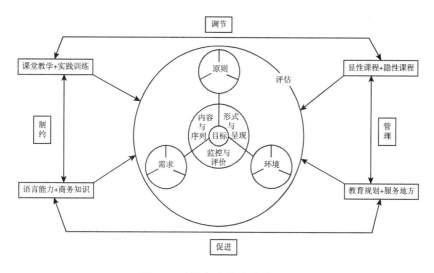

图25 跨境电商人才培养模型

八、跨境电商人才培养的四个策略

（一）培养"双师型"教师，完善师资结构

跨境电商是一个实践性非常强、发展非常快的专业领域，要培养"双师型"教师，必须为教师提供参与到企业生产实践的机会。高校要加大"双师结构"教师的培养力度，抓好青年教师的培养和提高，在课程建设上形成研究梯队。组织相关教师参加有关高等（职）教育理论水平、实践能力和专业技能的短期培训、学术交流活动和讲座。

（二）培养跨境电商专业人才，鼓励学生学以致用"走出去"

鼓励学生将课堂学到的理论知识真正地应用到实践中，除了可以借助平台提供的教学账号进行实操外，高校应该鼓励学生走出去，切实地将知识运用到实践中。临沂大学外国语学院成立多语种翻译团队，共计派出翻译志愿者达700余人次，为临沂各跨境电商企业提供语言服务，获得中外客商的一致好评，用实际行动充分展现了跨境电商专业人才的优良品质和精神风貌。

在2017年9月23~26日举办的第八届中国（临沂）国际商贸物流博

览会中，临沂大学外国语学院共派出 187 名志愿者到相应的展馆进行服务，主要负责为外宾做西语、朝鲜语、英语、俄语等多语种的翻译服务及展会开展过程中外国参展商与组委会的协商工作。

（三）建设跨境电商实训基地

跨境电子商务实习实训基地建设的总目标是能满足跨境电子商务教学、实训、实习、就业、创业的需求。根据跨境电子商务业务流程和工作环境，建设满足跨境电子商务主要功能，实现线上与线下相结合、硬件建设与项目嵌入相结合、前期建设与后期持续服务升级相结合、国内领先的跨境电子商务实习实训中心。

临沂大学外国语学院积极响应学校的创新创业号召，在山东省商务厅、临沂市政府、临沂市商务局政策支持下，注重与学校所在地区的产业相结合，充分发挥学校的科研优势和地方企业的资金优势，建立山东省外贸新业态主体——跨境电商实训基地实验区暨教学实习基地。

该基地自成立以来，依托语言服务驱动的外语人才培养模式，利用丰富的校企合作、产教融合资源，积极培养符合"一带一路"倡议需要的新型人才，拓宽专业人才输出渠道，深化校企合作力度，在产学研方面取得切实有效的成果。

该基地整合学校、企业、商会、工厂等各界资源，聚合临沂大学外国语学院、商学院、物流学院、传媒学院等学院优质资源，联合山东省智博教育集团、临沂商城管委会、临沂纬度网络科技有限公司、临沂新光毛纺有限公司、山东阿尔法供应链服务有限公司等企事业单位，组建跨境电子商务教师团队，共同培养既有深厚的跨境电子商务理论功底，又具有丰富实战经验的应用型电商人才。

（四）协同创新开展校企合作

利用协同创新开展校企合作，以行业协会为依托，综合行业、企业、学校多方资源优势，是拓宽行业与学校合作建设专业、实现校企共育人才的有效途径。在校企合作过程中，充分发挥行业协会校企合作和工学结合优势，把企业生产实践转化为教学案例，围绕"工学结合"进行实境教学，构建跨境电子商务职业岗位技能课程知识体系；实现校内专任教师与校外企业高技能水平兼职教师共同制定跨境电子商务人才培养方案、共同编写课程实习实训指导、共同讲授一门专业课程，共同打造专业教学资源共享平台；通过校企合作进行课题研究，解决企业在生产经营过程中的技术难题，或共同研究专业建设的改革方案；建设包括专业带头人、企业专业带头人、专业骨干教师、企业兼职教师的"双师型"师资队伍。

临沂大学充分发挥区域优势，在临沂市商务局的带领下，积极为临沂跨境电商企业或外贸企业提供跨境电商技能培训服务，累计培训近 1000 人次，覆盖临沂百余家企业，有效推动了临沂企业借助互联网进行对外营销、社交媒体推广、跨境交易数据管理、跨境分销、小语种网站建设等方面的能力，节省了相关企业赴海外布展需要花费的精力和财力。

总之，在临沂市商务局的支持下，本项目的完成呈现了临沂市出口跨境电商从业人员的全貌，并针对所暴露的问题提出对策，有助于高校明确跨境电商行业对人才的需求，提高高校跨境电商行业人才培养水平，最终推动临沂市网上商城的建设，实现服务地方经济的目标。

附件一

临沂市出口跨境电商（B2B）从业人员调查问卷

1. 贵企业性质是？[单选题] [必答题]

□贸易型企业

□生产型企业

□工贸一体型企业

2. 贵企业现有员工数量是？[单选题] [必答题]

□9 人及以下

□10～49 人

□50～99 人

□100～499 人

□500 人以上

3. 贵企业是否存在跨境电商人才缺口？[单选题] [必答题]

□是

□否

4. 贵企业现有员工分布最多的年龄段是？[单选题] [必答题]

□19 岁以下

□20～29 岁

□30～39 岁

□40～49 岁

□50 岁以上

5. 贵企业希望聘用的理想跨境电商人才类型是？[单选题] [必答题]

□专业型人才

□复合型人才

6. 贵企业录用跨境电商人才时，倾向于哪些专业？[多选题] [必答题]

□国际贸易

□电子商务

☐外语

☐国际物流

☐企业管理

☐金融

☐法律

☐计算机科学与技术

☐其他

7. 贵企业需要跨境人才的岗位有哪些？［多选题］［必答题］

☐管理岗位

☐技术岗位

☐业务岗位

8. 贵企业技术岗位招聘跨境电商人才的学历要求是？

［单选题］［必答题］

☐高中

☐专科

☐本科

☐研究生

9. 贵企业录用跨境电商人才时，看重他们的哪些能力？

（限选三项）［多选题］［必答题］

☐外语应用能力

☐业务操作能力

☐信息处理能力

☐主动学习能力

☐解决问题能力

☐交流与沟通能力

☐可持续发展能力

☐多个岗位操作能力

☐其他能力

10. 贵企业录用跨境电商人才时，看重他们的哪些素质？

    （限选三项）［多选题］［必答题］

    □责任心

    □敬岗爱业

    □吃苦耐劳

    □团结协作

    □进取精神

    □良好的心理素质

    □对企业的忠诚度

    □职业礼仪

    □其他素质

11. 贵企业录用跨境电商人才时，希望他们具有哪些专业知识？

    （限选三项）［多选题］［必答题］

    □外语知识

    □计算机知识

    □国际贸易知识

    □物流管理知识

    □商务管理知识

    □报关与国际货运知识

    □其他知识

12. 应届毕业生在跨境电商行业工作时，贵企业认为有哪些不足之处？

    ［多选题］［必答题］

    □语言障碍

    □实操技能

    □国际视野

    □理论知识

13. 贵企业员工是否参加过跨境电商方面的培训，是否愿意继续参加

    培训？［单选题］［必答题］

    □是，愿意继续参加。

□是，不愿意继续参加。

□否，愿意参加。

□否，不愿意参加。

14. 如果贵企业员工参加跨境电商培训，期望主办单位为＿＿＿＿

［多选题］［必答题］

□大学

□政府

□商业机构

□企业

□跨境电商平台

15. 贵企业如果参加跨境电商培训，期待哪些培训内容？

［多选题］［必答题］

□互联网营销

□电商技术类

□电商企业管理

□理论课程

□实操技能

16. 从目前应届毕业生情况来看，学校在培养跨境电商人才时，应该
加强学生哪些方面的学习，才能更好地满足企业需求？

［多选题］［必答题］

□互联网营销

□电商技术

□电商企业管理

□理论知识

□实操技能

□语言基础

□国际视野

附件二

临沂市出口跨境电商（B2B）从业人员调查问卷数据

1. 贵企业性质是？［单选题］

选项	小计	比例	
贸易型企业	20		31%
生产型企业	19		30%
工贸一体型企业	25		39%
本题有效填写人次	64		

2. 贵企业现有员工数量是？［单选题］

选项	小计	比例	
9 人及以下	14		22%
10～49 人	30		47%
50～99 人	20		31%
100～499 人	4		0.6%
500 人以上	0	0	
本题有效填写人次	64		

3. 贵企业是否存在跨境电商人才缺口？［单选题］

选项	小计	比例	
是	64		100%
否	0	0	
本题有效填写人次	64		

4. 贵企业现有员工分布最多的年龄段是？［单选题］

选项	小计	比例
19 岁以下	0	0
20～29 岁	24	38%
30～39 岁	40	62%
40～49 岁	0	0
50 岁以上	0	0
本题有效填写人次	64	

5. 贵企业希望聘用的理想跨境电商人才类型是？［单选题］

选项	小计	比例
专业型人才	24	38%
复合型人才	40	63%
本题有效填写人次	64	

6. 贵企业录用跨境电商人才时，倾向于哪些专业？［多选题］

选项	小计	比例
国际贸易	64	100%
电子商务	59	92%
外语	64	100%
国际物流	60	94%
企业管理	20	31%
金融	0	0
法律	0	0
计算机科学与技术	25	39%
其他	0	0
本题有效填写人次	64	

7. 贵企业需要跨境人才的岗位有哪些？［多选题］

选项	小计	比例	
管理岗位	0	0	
技术岗位	64		100%
业务岗位	64		100%
本题有效填写人次	64		

8. 贵企业技术岗位招聘跨境电商人才的学历要求是？［单选题］

选项	小计	比例	
高中	0	0	
专科	14	0	
本科	64		100%
研究生	0	0	
本题有效填写人次	64		

9. 贵企业录用跨境电商人才时，看重他们的哪些能力？

（限选三项）［多选题］

选项	小计	比例	
外语应用能力	64		100%
业务操作能力	64		100%
信息处理能力	50		78%
主动学习能力	30		47%
解决问题能力	0	0	
交流与沟通能力	50		78%
可持续发展能力	0	0	
多个岗位操作能力	2		0.3%
其他能力	0	0	
本题有效填写人次	64		

10. 贵企业录用跨境电商人才时，看重他们的哪些素质？

（限选三项）［多选题］

选项	小计	比例
责任心	30	47%
敬岗爱业	63	98%
吃苦耐劳	57	89%
团结协作	64	100%
进取精神	17	27%
良好的心理素质	45	70%
对企业的忠诚度	60	94%
职业礼仪	5	0.07%
其他素质	0	0
本题有效填写人次	64	

11. 贵企业录用跨境电商人才时，希望他们具有哪些专业知识？

（限选三项）［多选题］

选项	小计	比例
外语知识	64	100%
计算机知识	0	0
国际贸易知识	64	100%
物流管理知识	0	0
商务管理知识	0	0
报关与国际货运知识	60	100%
其他知识	0	0
本题有效填写人次	64	

12. 应届毕业生在跨境电商行业工作时，贵企业认为有哪些不足之处？

[多选题]

选项	小计	比例
语言障碍	54	84%
实操技能	64	100%
国际视野	64	100%
理论知识	10	16%
本题有效填写人次	64	

13. 贵企业员工是否参加过跨境电商方面的培训，是否愿意继续参加培训？

[单选题]

选项	小计	比例
是，愿意继续参加。	50	78%
是，不愿意继续参加。	0	0
否，愿意参加。	14	22%
否，不愿意参加。	0	0
本题有效写人次	64	

14. 如果贵企业员工参加跨境电商培训，期望主办单位为____ [多选题]

选项	小计	比例
大学	10	0.16%
政府	50	78%
商业机构	45	70%
企业	55	86%
跨境电商平台	64	100%
本题有效填写人次	64	

15. 贵企业如果参加跨境电商培训，期待哪些培训内容？［多选题］

选项	小计	比例
互联网营销	64	100%
电商技术类	59	92%
电商企业管理	30	47%
理论课程	10	16%
实操技能	50	78%
本题有效填写人次	64	

16. 从目前应届毕业生情况来看，学校在培养跨境电商人才时，应该加强学生哪些方面的学习，才能更好地满足企业需求？［多选题］

选项	小计	比例
互联网营销	64	100%
电商技术	64	100%
电商企业管理	10	16%
理论知识	45	70%
实操技能	64	100%
语言基础	45	70%
国际视野	63	98%
本题有效填写人次	64	

参 考 文 献

［1］阿里学院．网络整合营销 外贸篇［M］．北京：电子工业出版社，2013.

［2］安福仁．企业纳税实务［M］．大连：东北财经大学出版社，2012.

［3］鲍舒丽．打造金牌网店客服［M］．北京：人民邮电出版社，2012.

［4］鲍舒丽．淘宝网开店必备 36 锦囊妙计［M］．北京：人民邮电出版社，2012.

［5］曹基梅，黄丽华，王晓华，等．客户关系管理［M］．长沙：湖南师范大学出版社，2013.

［6］陈德宝，王国玲．网店运营与管理［M］．北京：中国轻工业出版社，2012.

［7］陈吉胜，张文洲，吴松，等．创业基础与实务教程［M］．广州：华南理工大学出版社，2014.

［8］陈民利．营销技能综合实训［M］．北京：中国人民大学出版社，2013.

［9］陈明．电子商务实用教程［M］．北京：北京理工大学出版社，2014.

［10］陈月波．网络营销实务［M］．西安：西安交通大学出版社，2012.

［11］范泽剑．网络营销［M］．北京：机械工业出版社，2013.

［12］葛存山．淘宝网开店、装修、管理、推广一册通（第 2 版）［M］．北京：人民邮电出版社，2013.

［13］葛存山．淘宝店铺营销推广一册通［M］．北京：人民邮电出版社，2013．

［14］税务总局．中华人民共和国税法（第2版）［M］．北京：中国税务出版社，2014．

［15］税务总局货物和劳务税司．消费税业务操作手册［M］．北京：中国税务出版社，2014．

［16］税务总局货物和劳务税司．出口退税指南［M］．北京：中国税务出版社，2014．

［17］葛存山，何秀芳．淘宝网开店、装修、管理、推广一册通［M］．北京：人民邮电出版社，2010．

［18］洪永淼．海峡西岸经济区发展报告基于"一带一路"和自贸区的战略［M］．北京：北京大学出版社，2015．

［19］蓝荣东．网上开店与创业［M］．南京：南京大学出版社，2015．

［20］劳帼龄．网络营销［M］．北京：化学工业出版社，2012．

［21］李静，韩玉麒．电子商务实务［M］．天津：天津大学出版社，2013．

［22］李晓红．涉外会计实务［M］．北京：北京交通大学出版社，2015．

［23］李中国．综合实践型教师培养模式研究［M］．济南：山东人民出版社，2013．

［24］林桂明，陈高如．电子商务客户服务［M］．北京：企业管理出版社，2014．

［25］刘珞．出口企业最新退免税操作实务［M］．北京：经济科学出版社，2013．

［26］刘全胜．网络营销与成功案例［M］．北京：金盾出版社，2011．

［27］马福存．网上开店快速赢利的72个妙招［M］．北京：中国纺织出版社，2009．

［28］马国强．中国税收［M］．大连：东北财经大学出版社，2015.

［29］潘兴华，张鹏军，崔慧勇．新手学跨境电商从入门到精通 速卖通 亚马逊出口篇［M］．北京：中国铁道出版社，2016.

［30］潘玉香，吴芳．企业创办实务教程［M］．北京：经济科学出版社，2012.

［31］钱晓舒．电子商务 C2C 运行［M］．北京：电子工业出版社，2014.

［32］速卖通大学．跨境电商——阿里巴巴速卖通宝典［M］．北京：电子工业出版社，2015.

［33］翁晋阳，Mark，管鹏．再战跨境电商——颠覆性商业时代下的"野蛮探路者"［M］．北京：人民邮电出版社，2015.

［34］乌跃良．中小企业网络营销发展比较分析［M］．北京：中国商业出版社，2012.

［35］吴泗宗．市场营销学［M］．北京：清华大学出版社，2012.

［36］吴伟定，姚金刚，周振兴．网站运营直通车——网络整合营销［M］．北京：清华大学出版社，2014.

［37］吴自爱，杨荣明，葛晓滨．网上零售理论与实战［M］．合肥：中国科学技术大学出版社，2014.

［38］杨建华，王为人．供应链物流管理教程［M］．北京：清华大学出版社，2016.

［39］杨银辉．网店运行实践［M］．北京：北京理工大学出版社，2012.

［40］易传识网络科技．跨境电商多平台运营［M］．北京：电子工业出版社，2015.

［41］余杰奇．零售江湖之门店［M］．北京：当代世界出版社，2012.

［42］张昌飞．淘宝开店必胜绝招［M］．北京：清华大学出版社，2013.

［43］张洪山．网络营销与策划［M］．呼和浩特：内蒙古人民出版

社，2009.

[44] 张利，杨俊清. 电子商务设计师教程 [M]. 北京：清华大学出版社，2015.

[45] 张永红. 客户关系管理 [M]. 北京：北京理工大学出版社，2009.

[46] 赵春辉. 网络营销实务全书 [M]. 呼和浩特：内蒙古人民出版社，2009.

[47] 中国税网. 财税实务问答 900 例 [M]. 北京：中国市场出版社，2014.

[48] 中国注册会计师协会. 2014 年度注册会计师全国统一考试辅导教材及参考用书经济法规汇编 [M]. 北京：中国财政经济出版社，2014.

[49] 中华人民共和国税收法典编委会. 中华人民共和国现行税收法规及优惠政策解读 [M]. 上海：立信会计出版社，2014.

[50] 庄粉荣，庄亦如. 不缴糊涂税：税收优惠利用疑难精解 [M]. 北京：中国财政经济出版社，2015.

[51] 国务院：部署新设一批跨境电子商务综合试验区 [J]. 中国对外贸易，2016（2）.

[52] 陈享振. 企业搜索引擎营销的优化策略 [J]. 科教导刊（电子版），2016（30）.

[53] 陈茁. 跨境电子商务发展成效模式及监管研究——广东珠三角视角 [J]. 金融科技时代，2016（2）.

[54] 房丽军，王妮. 论东莞加工贸易企业借力跨境电子商务实现跨越式发展的可行性 [J]. 农业科技与信息，2016（24）.

[55] 费雷德·昆斯，刘柯兰，冯胜，等. 智库的传播与影响力指标 [J]. 决策与信息，2016（8）.

[56] 姜焕军，任翔. 跨境电子商务商业模式分析 [J]. 企业文化，2015（9）.

[57] 李纪月. 面向高等学校的校园营销应用分析 [J]. 商场现代化，

2011（15）.

[58] 李晓健．基于工作过程导向的高职金融专业课程建设研究［J］. 经济与社会发展，2013（3）.

[59] 李燕．搜索引擎营销策略［J］. 人大复印报刊资料（市场营销文摘），2008（5）.

[60] 李卓，王文清．若干会计、税务处理问题答疑［J］. 财务与会计，2015（13）.

[61] 刘东明．跨境电商对中国外贸的影响研究［J］. 商业经济研究，2017（9）.

[62] 刘江伟，于立．制约中小企业出口跨境电商发展的因素与对策研究［J］. 经济师，2016（6）.

[63] 刘琼．跨境电商时代国际贸易专业人才培养改革探索［J］. 决策与信息，2016（8）.

[64] 刘珍，郭伟，代恒．《小型商业网站建设》一体化精品课程实践研究［J］. 电脑与信息技术，2015（4）.

[65] 木梓．优胜劣汰，适时入美：中国企业赢得美国市场方略［J］. 世界机电经贸信息，2003（11）.

[66] 李中国，黎兴成．我国高校教师教学研究的热点状况分析——基于2005—2015年CNKI文献的共词分析［J］. 教育研究，2015（12）.

[67] 聂卫东．探索高职人才培养模式，彰显职业教育教学特色［J］. 高等职业教育，2010（10）.

[68] 邵长青．推进天津跨境电子商务综合试验区建设的路径选择［J］. 港口经济，2016（7）.

[69] 沈通．跨境电商背景下高职国际贸易专业人才培养探讨［J］. 课程教育研究（学法教法研究），2015（29）.

[70] 孙维潇．关于独立学院国贸专业开设跨境电子商务课程的思考［J］. 福建广播电视大学学报，2016（6）.

[71] 王炳男．高考时政热点分析——从跨境电商看中国制造新浪潮

［J］．都市家教（上半月），2016（10）．

［72］王丽菊，宋星月．基于工学结合的高职电子商务专业实践教学体系研究［J］．中国校外教育，2010（24）．

［73］王岩岩，吴凡，李雪，等．产业创新理论下跨境电商运行机制研究［J］．商业经济研究，2016（12）．

［74］吴研．微课程在高职《跨境电商实务》课程教学中的应用研究［J］．都市家教（下半月），2016（11）．

［75］夏薇薇．高职院校跨境电商创业型人才培养课程开发研究［J］．文教资料，2016（27）．

［76］肖离离．电子商务专业跨境电子商务方向建设路径［J］．海峡科技与产业，2016（11）．

［77］徐瑞朝．中小企业网络营销思考［J］．电子商务，2010（6）．

［78］杨庭午，刘宇航，贾皓程．中小企业搜索引擎营销策略的应用与发展：以曦强乳业为例［J］．商场现代化，2015（15）．

［79］姚剑鹏．跨境电商人才培养——CEIT 模式下的探索［J］．宁波工程学院学报，2016（2）．

［80］游浚，陈心佩．跨境 B2C 电商运输方式研究［J］．现代商贸工业，2016（3）．

［81］张冲，葛炬．跨境电商系统特点及其对物流的需求探讨［J］．物流技术，2015（18）．

［82］张淑贞，张学锋．中小企业搜索引擎营销的几种新模式［J］．福建电脑，2014（6）．

［83］赵慧．加快推进福建省跨境电子商务发展对策建议［J］．发展研究，2015（2）．

［84］钟税官．钟税官信箱［J］．中国税务，2016（2）．

［85］钟硕韵．基于国际比较的我国跨境电商法律体系现状及启示［J］．消费导刊，2017（5）．

［86］李克强 1 月 6 日主持召开国务院常务会议，决定根据督查情况

完善激励和问责机制，以奖惩分明促勤政有为；部署新设一批跨境电子商务综合试验区，用新模式为外贸发展提供新支撑［J］．中国应急管理，2016（1）．

［87］国务院部署新设一批跨境电子商务综合试验区［J］．互联网天地，2016（1）．

［88］税务总局关于发布《适用增值税零税率应税服务退（免）税管理办法（暂行)》的公告［J］．交通财会，2013（12）．